Clara Viebig

Vulkanisches Land

Wiederentdeckte Texte

Zusammengestellt und herausgegeben von Manfred Moßmann

ELV

Eifeler Literaturverlag 2024

1. Auflage 2024

Eifeler Literaturverlag
Verlagsgruppe Mainz
Süsterfeldstraße 83
52072 Aachen
www.eifeler-literaturverlag.de

Gestaltung, Druck und Vertrieb:
Druck & Verlagshaus Mainz
Süsterfeldstraße 83
52072 Aachen
www.verlag-mainz.de

Abbildungsnachweis (Umschlag):

https://en.wikipedia.org/wiki/File:Photo_of_Clara_Viebig.jpg

ISBN-10: 3-96123-093-5
ISBN-13: 978-3-96123-093-8

Clara Viebig

Vulkanisches Land

Wiederentdeckte Texte

ELV

Inhalt

Vorwort

Clara Viebig war in den vierzig Jahren zwischen 1895 und 1935 eine der meistgelesenen und beliebtesten Autorinnen in Deutschland.

> *Der Himmel spannt sich hart, blank wie ein eherner Schild, ungetrübt bis zum fernsten Horizont. Unterm glühenden Sonnenstrahl duckt sich das Leben, wagt keinen Laut. Wie Spielzeug, wie weiße Würfel, von Riesen verstreut, liegen hellgetünchte, verschlafene Häuschen mit blitzenden Augen auf grüner Matte. Einsam die Äcker; kein Mensch, kein Gespann. Erstorben ruht das Hochland, ausgesogen, ausgebrannt, ganz überschüttet von gewaltigen Fluten brennenden Lichtes.*

Wie dieses Beispiel aus der Skizze »Die Eifel im Kreislauf des Jahres« verdeutlicht, vermag Clara Viebig wie kaum eine andere Schriftstellerin in wenigen Sätzen große beeindruckende Landschaftsbilder vor den Augen der Leserschaft zu malen.

Neben Nanny Lambrecht und Emmi Elert gehört Clara Viebig zu den berühmten Schriftstellerinnen, die sich in ihren Texten mit der Eifel beschäftigt haben. Überregional bekannt und immer wieder gern gelesen sind Viebigs Bestseller, wie zum Beispiel »Kinder der Eifel«, »Das Weiberdorf« oder »Vom Müller Hannes«.

In die vorliegende Sammlung wurden drei Landschaftsbilder und drei Novellen, die in der Eifel angesiedelt sind (»Eifelstimmungen«, »Vulkanisches Land«, »Eifelwinter«, »Der Preis«, »Das Vögelchen« und »Vier auf der Landstraße«), aufgenommen. Alle diese Texte sind nur einmal im Zeitungsfeuilleton abgedruckt worden und hier erstmalig in Buchform zu finden.

In ihren Novellen und Erzählungen bietet Viebig, allgemein gesprochen, dem Lesepublikum den ihr ureigenen gemäßigten Naturalismus. Als Beispiele sollen hier die Texte »Der Preis«, »Vier von der Landstraße« und »Das Vögelchen«, die allesamt in der Krisenzeit der Weimarer Republik spielen, kurz beschrieben werden.

In »Der Preis« fahren in der Zeit der Lebensmittelknappheit zwei junge Frauen aus Köln mit dem Bummelzug in die nahegelegene Eifel, um bei Bauern Butter zu hamstern. Doch die örtliche Bevölkerung verhält sich gegenüber den »feinen« Städterinnen überaus abweisend, sodass der anfängliche Optimismus der Kölnerinnen schnell dahinschmilzt. Während die Bäuerinnen harsch bleiben und frech behaupten: »Mir haon kein Butter«, haben die beiden Frauen bei den Männern wesentlich mehr Erfolg, da sie diesen gegenüber, befeuert von alkoholischen Getränken, am Ende zu gewissen Zugeständnissen bereit sind.

Mit den zunehmenden Problemen in Folge der Weltwirtschaftskrise Ende der 1920er Jahre landeten viele Menschen buchstäblich auf der Straße. Im Handumdrehen war eine beträchtliche Anzahl von ihnen Bettler oder sogenannte »Schnurranten«, die dann auch noch von den etablierten Reichen und Besitzenden als unehrliche Faulenzer diskriminiert wurden. Eine Vielzahl der meist männlichen »Gefährten« ging aus purer Not auf Wanderschaft oder auf die »Walz«, da sie in ihrer Heimat weder Arbeit noch Obdach fanden. Davon erzählt Clara Viebig, in teilweise märchenhafter Art und Weise, in ihrer Novelle »Vier auf der Landstraße«.

»Das Vögelchen« handelt von einem betagten Landstreicher, der bei einem Einbruch in eine Abteikirche mitmachen soll. Als er über das Vorhaben noch einmal nachzudenken beginnt, erfährt der alte Mann eine wundersame Läuterung.

Die Berliner Künstlernovelle »Die Nachtigall« stellt das Schicksal einer jungen, ärmlichen Sängerin in den Mittelpunkt, die in recht kurzer Zeit zu großer Berühmtheit gelangt, aber ebenso schnell wieder in Vergessenheit gerät. In dieser Novelle, die zudem als eine zu Herzen gehende Weihnachtsgeschichte gelesen werden kann, beweist Viebig einmal mehr ihr frühes feuilletonistisches Talent und starkes Einfühlungsvermögen in die menschliche Seele.

Aus Clara Viebigs Spätwerk stammen die Schweizer Alpentexte »Mir war's ein Erlebnis« und »Die Erfüllung«. Im Sog des Films »Der Berg ruft«, der mit Luis Trenker in der Hauptrolle überaus populär war, verfasst Viebig eine autobiographische Reiseskizze, in dem ihre große Bewunderung für das Matterhorn unverhohlen dargestellt ist. Zudem widmet sie eine Erzählung dem Leben eines Mannes, dessen glühender Wunsch, auf dem Gipfel dieses Berges zu stehen, in einer persönlichen Katastrophe endet. Auch diese beiden Werke erscheinen hier zum ersten Mal in Buchform.

Clara Viebigs Texte sind, damals wie heute, aufgrund des stilistischen Könnens der Autorin und der lebendigen Schilderung kleiner und großer menschlicher Tragödien ein anregendes Lesevergnügen.

Manfred Moßmann im August 2023

Eifelstimmungen

Ziehende Wolken, in langen breiten Streifen hingewischt oder festen, runden Ballen sich wie Schnee im matten Blau aufeinanderpackend – das ist Eifelhimmel, Sommerhimmel.

Immer ist er unruhig, bewegt, wie beseelt von heimlich-leidenschaftlichen Empfindungen, stets wechselnd. Jetzt eben Sonnenschein, nun rasch ein Regenschauer, der die nackten Kuppen der Hügel, das wellige Auf und Ab des grünen Hochlands ins tiefste Grau der Melancholie hüllt; und dann auf einmal wieder lachender Glanz, eine Helle, eine Lichtumflossenheit, daß die eben noch so kargen Höhen sanfte Matten zeigen und man nicht begreift, warum es um die eigne Seele sich wie ein Schleier gelegt hat, warum man zitternd atmet in einer bangen und doch süßen Wehmut.

Hier ist alles Stimmung; in der Eifel weit mehr, denn in irgend einem andern Gebirge.

Von einer absoluten Schönheit kann nicht die Rede sein; es gibt hier so endlose öde Strecken ginsterbewachsenen, baumlosen Heidelands, daß der, der nur obenhin sieht, wohl vorwurfsvoll fragen mag: »Also das ist die Eifel?!« Und ein Gähnen nicht unterdrücken kann, wenn das Bimmelbähnchen langsam den Plateaurücken hinankeucht, der Wagen noch langsamer die stetig steigende Chaussee nimmt, wohl ein wenig beschleunigter in die Talmulde hinabzockelt, dann aber um so langsamer wieder hinankriecht. Ewiges Auf und Ab.

»Uns bucklige Gejend«, sagen die Leute mit einem Seufzer und hucken dabei doch willig die schwere Graslast auf, die ihnen Kopf und Schultern nach vorne drückt; langsam wandern sie unter bleierner Bürde ihrem Dorfe zu.

Weit ist der Weg dahin; in der einsamen Landschaft kein Haus, nur ein »Fußfällchen« am Weg, weißgekalkt, darin im fensterlosen steinernen Raum das Betbänkchen unterm bunten Heiligenpüppchen zu ein paar Aves einlädt.

Ebereschen, windgezaust, mit grauen, wehenden Mooszotteln reihen sich Stamm an Stamm; es scheint langweilig, hier zu fahren, mühselig, hier zu wandern, weit liegen die Ortschaften voneinander, die Dörfer sind nicht dichtgesät, aber wer Augen hat zu sehen, der sieht hier doch etwas. Er sieht mehr, weit mehr, als er sich selber hat träumen lassen, wenn die Phantasie ihm unberührte Natur, Einsamkeit und Schönheit gepaart, vorgaukelte.

Einsamkeit ist immer schön; hier aber kommt noch zu ihr der ungehinderte Blick in alle Fernen. Wir sind am höchsten, rund um uns blaue Weiten, von einer Leuchtkraft der Farbe, von einer Tiefe und Kraftdurchdrungenheit, daß wir uns fragen: kann das je ein Maler wiedergeben?

Alle Farben sind hier leuchtender, das Smaragd der Matten ist viel smaragdener, das Gold des Ginsters viel goldener, das Silber der Bäche viel silberner, alle Edelsteine der Welt dünken uns über die Wiesen geschüttet, die im Grunde die Bachläufe umsäumen. Und wenn die Sonne zur Ruhe geht, welches Rot!

Purpurn erglüht das Heidekraut, das bunte Laub herbstlicher Büsche; die getünchten Mauern fernen Gemäuers, Kirche und Dorf scheinen zu brennen; und das glüht alles fort, wenn die Sonne schon geschwunden ist und nur noch Streifen am Horizont zeigen, wo sie hinter jener Kuppe versunken ist. […]

Drunten im engen Talspalt winden sich Bäche wie silberne Schlangen, drehen sich, krümmen sich und schnellen sich hoch über farnbegrünte Felstrümmer.

Und die Bäche winden Sagen ihre farbigen Bänder um Gestein und Burgtrümmer, um Bäume und Heiden, um Kapellchen am Weg, um Grenzsteine am Acker, um verlassene Hütten in entlegenen Schluchten, um einsam ragende Bäume auf öder Halde, um Felsen am Bach, um Höhlen in Steinbrüchen.

Es ist kaum ein Forst in der Eifel, der nicht seinen gespenstischen Jäger, kein Baum, der nicht seinen Hexenkranz hätte. Im Maar ist ein ganzes Dorf versunken, bei Mondschein sieht man noch ein Dach aufragen und hört Stimmen, die Hilfe rufen; im Kapellchen hat mehr als einmal die Muttergottes sich vom Altärchen herab zu frommen Kindern geneigt, mit ihnen gesprochen, ihre ausgestreckten Händchen mit Gaben gefüllt; auf der Burg überm Städtchen geht bei Vollmond ein Mann spazieren, – die Roer rauscht herauf – er trägt seinen Kopf unterm Arm; und auf dem Acker müht sich, allnächtlich um zwölf, ächzend ein Bäuerlein in feurigen Schuhen ab, den Grenzstein zu verrücken.

Überall Geschichten: »Es war einmal« und »Da war einmal ein Mann«, »Da war einmal eine Frau« – der Mann wollte Schätze heben im verschütteten Keller, von Römerzeiten her liegt da noch viel Gold in Urnen, und die Frau fährt nachts aus dem Schornstein auf dem Besenstiel, um auf dem öden Anger hinterm Dorf beim einsamen Buchenbaum mit ihrem Buhlen, dem Teufel, in die Runde zu tanzen.

Hier im Land mit Glockenklang, mit den Heiligen auf geschmückten Altären, mit den Fußfällchen an jedem Dorfeingang und jedem Dorfausgang, mit den Kreuzen zum Gedächtnis der am Weg Gestorbenen – hier knüpfen Glaube und Aberglaube ein Band ohne Anfang und Ende.

Es war an einem Sommermorgen, als ich auf die Hohe Acht wanderte. Wir waren jung, meine Gefährtin und ich, wir waren lustig, zwei Mädchen, die gar nichts drückte, nicht einmal das Ränzel auf dem Rücken. Der

Weg war weit vom Städtchen Adenau her, stundenweit, auch steil, aber uns focht das nicht an. Aus den Halden stiegen die Lerchen auf und schmetterten einen Wirbel, mitschmettern hätten wir mögen, singen, jauchzen: o, war das hier wunderschön!

Unter uns lag die Weite voll Sonnenglanz, alles voller Luft; die Netze, die die Spinnen am Wege von Wacholderstäudchen zu Wacholderstäudchen gespannt hatten, hingen noch ganz voll blinkender Perlen. Das Heidekraut blühte, es duftete nach Harz, nach herber Frische, nach Freiheit, nach Freudigkeit; Bienen summten, kleine blaue Schmetterlinge gaukelten im Liebesspiel.

Ich bückte mich, um Blumen zu pflücken, um auch mich zu schmücken am leuchtenden Tag auf dieser wunderbaren Erde, da sah ich ein niedriges Steinkreuz im Heidegestrüpp; gleich darauf noch eins, bald wieder eins, und noch eins und noch eins – so viele.

Ich war erstaunt: was bedeuten die? So sahen doch sonst die Kreuze, die man zum Gedächtnis frommer Seelen setzt, nicht aus?!

Hinter uns knarrte eine Holzfuhre, mit Hott und Hahr[1] trieb ein Bauer sein Gäulchen an. Lachend rief ich dem Mann zu: konnte er mir vielleicht sagen, was das für Kreuze waren? O ja! Er zog die Augenbrauen hoch: hier herum, hier auf der Halde hatten sie vor hundert Jahren und mehr, vor ein paar hundert Jahren, immer die Hexen verbrannt.

»En Mass' Fraumenscher aus den Dörfern lao unnen!« Er wies mit gestrecktem Finger auf die Dörfchen und Flecken, die eng um ihre Kirche gedrängt, sonnenhell zu uns heraufglänzten. Eben fingen die Glocken den Angelus an zu läuten.

1 »Links und Rechts« (Kommando an Pferde oder Kühe).

Da sagte der Mann noch: »Wo de Asch' vergraben gäwen is, hat mer esu en Kreiz gesetz'. Mir saon Hexenkreizcher dafor. Adjüs zusammen!«[2]

Er nickte und zog weiter, beim Angelusläuten die Mütze abnehmend.

Ich lachte auf einmal nicht mehr. Ein Frösteln kam mir mitten in warmer Mittagsluft, wie verdunkelnder Rauch zog mir's übers sonnenhelle Land.

---

2 »Eine große Menge Frauen aus den Dörfern dort unten. Wo die Asche vergraben worden war, hat man ein Kreuz gesetzt. Wir nennen sie Hexenkreuzchen. Auf Wiedersehen!«

Die Palme

Es war das letzte Geschenk, das sie von ihrem Mann bekommen hatte; als Reisepräsent. Einmal im Jahr pflegte Herr Schmitz zu verreisen; mit dem Postwagen ratterte er oben zum verschlafenen Städtchen hinaus und hinunter zur Haltestelle an der fernen Eisenbahnstrecke im Tal: »Man muß doch auch noch was von der Welt zu sehn kriegen, eh' man sich hier ganz und für immer schlafen legt.«

Sie blieb daheim und hielt derweil Hausputz, rieb Fenster und Böden, Türen und Möbel blitzblank, scheuerte Töpfe, räumte Schränke, pflanzte im Garten, jätete und begoß, schaffte mit Emsigkeit wie eine Junge, obwohl sie bei Jahren war und außerdem schon sehr rundlich.

Dann war sie abends so müde, daß ihr beim Sticken schon die Augen einschliefen und die Gedanken auch, die immer hinter ihm drein liefen: Nun ist er in Frankfurt – was Emil wohl sagt? – ob sie sich sehr mit ihm freuen – ob er sich gut unterhält – vielleicht sitzt er im Palmengarten, trinkt da Kaffee?!

Ja, im Palmengarten war er gewesen, das erzählte er gleich. Und damit sie doch auch ein Andenken an seinen Besuch im Frankfurter Palmengarten hatte, stellte er ein in dreifaches Seidenpapier eingehülltes Etwas vor sie auf den Tisch und rieb sich vergnügt die Hände: »Wickle mal aus! Gelt, da freust dich drüber!«

Es war eine Palme. Noch jung an Jahren, eigentlich erst ein Pälmchen, breitete noch keine nickenden Wedel aus wie fern auf paradiesischen Südseeinseln, wo Papageien schaukeln und Kolibris, blitzend wie Edelsteine, hin und her flitzen. Sie zeigte nur erst drei, noch etwas schüchterne grüne Fächer und einen jungen Trieb.

Aber wer hatte wohl hier eine Palme, hier oben, wo immer die Lüfte wehen und die Winter lang sind? Keiner im ganzen Ort. Eine Seltenheit, eine Kostbarkeit, zehn Mark hatte sie gekostet! Da freute sich auch die Frau, obgleich sie eigentlich etwas anderes erwartet hatte: ein wärmendes Tuch, eine Schürze, irgendeine Nützlichkeit oder eine Brosche zum Schmuck.

Herr Schmitz stellte seine Palme dicht ans Fenster, er zeigte sie so allen, die vorübergingen, und sie staunten. »Jetzt kriegt die schon das vierte Blatt,« sagte die Milchfrau. »Man sagt bei Palmen nicht Blatt, man sagt Wedel,« verbesserte Herr Schmitz, »oder Fächer. Meine Palme ist eine Fächerpalme!«

Wenn der Briefträger vorübertrabte, verstaubt und müde, blickte auch er schnell nach der Palme hin; die Kinder, die zur Schule gingen, blieben stehen und gafften nach ihr: ob die auch Palmenfrüchte kriegte, so wie die Äpfel? Und wenn Herr Schmitz sie in den Garten hinaus trug, damit sanft fallender, warmer Regen sie bespüle und ihr das kleinste Stäubchen aus den Fächern wasche, dann blieb der und jener gewiß auch stehen, und man besprach des langen und breiten das Wachstum der wundersamen Fächerpalme.

Sie wurde immer schöner, das machte die gute Pflege. Kein rauhes Lüftchen durfte sie berühren, kein Zug; im Winter wurde eigens die gute Stube für sie geheizt, im Wohnzimmer wäre zu viel Hin und Her für sie gewesen. Beileibe kein Anstoßen oder mit ihr Herumrücken, unveränderter Stand in vollem Licht. Und auch nicht zu warm, die Frau mußte sich stets beim Heizen nach dem Thermometer richten. Oft war sie ganz ärgerlich. Das war doch zuviel des Guten, wurde denn auf sie soviel Rücksicht genommen? Die dumme Palme, wenn sie doch einginge!

Aber sie ging nicht ein. Sie wuchs immer höher, ihre Wedel wurden länger, schon neigten die sich und nickten sanft; das blanke Grün ihrer Fächer sprach zu Herrn

Schmitz vom Paradies ferner Länder, in die er gern einmal gereist wäre, Länder, in denen es keine Winter gibt und auch keinen Hunger, denn büschelweise hängen dort an Palmen die Datteln.

Der Topf war der Palme längst zu klein geworden, man hatte für sie einen Kübel anschaffen müssen; der kostete fünfzehn Mark. Die Frau war fast zornig darüber; sie hätte ein Kleid nötig gehabt, und jetzt soviel Geld für die Palme!

Der alte Mann konnte aber jetzt den Kübel nicht mehr allein in den sanften Regen tragen, ihm war es mit der Zeit zu schwer geworden, es mußte immer jemand mit anfassen, und als endlich die Palme den siebenten grünen Fächer ausbreitete an langem, winkendem Wedel, da starb der alte Herr Schmitz.

Die Frau war nun allein – nicht Kind noch Kegel – Freunde auch nicht mehr, alter Leute Freunde sterben, und die Jugend geht für sich. Sie war ganz allein mit der Palme. Und jetzt liebte sie die. Was sie einst nur aus Pflicht an der Palme getan hatte, das tat sie ihr jetzt aus Liebe an – seine Freude, sein Stolz!

Aufs Fensterbrett stellen konnte man sie jetzt nicht mehr und die bewundernden Blicke der Vorübergehenden einheimsen, wie Herr Schmitz es getan, dazu war der Kübel zu groß, ach, und es schauten auch nicht viele mehr nach ihr, Schmitzens Palme war längst nichts Neues mehr, und den Hauptweg nahm man auch nicht mehr hier vorbei, das Häuschen der Witwe war wie seitab gerückt. Da ließ die Frau, als es schön warm und beständig wurde, den Kübel hinaus in den Garten tragen, am geschützten Platz wurde er da ein wenig in die Erde eingesenkt, daß er fest und gesichert stand, denn ihr war gewesen, als sie ihre Palme lange betrachtend ansah, als trauere die ein wenig. Sie hatte einen großen Schrecken bekommen. Nun aber würde ihr die Freiheit gewiß gut tun, stand sie doch hier in der linden Sommerluft, kein Baum streckte seine Äste bedrückend über sie, sie konnte ganz frei und leicht atmen. War es nicht bereits, als ob ihre Wedel sich höben, das Grün ihrer Fächer grüner erglänzte? Froh konnte die Palme hinauf in den Himmel sehn, von wo der selige Schmitz auf sie herab schaute.

Es war ein herrlicher Sommer. Der Frau erster Blick galt am Morgen der Palme: seht her, alle, seht, wie stolz und vornehm sie steht, wie eine Königin! Alles andere, der Fliederbusch, die Weißdornhecke, das kleine Blumengemengsel, waren Bettler am Wege gegen sie.

Heute war es ein Tag, der allzu heiß war. Der Palme würde er schon recht sein. Wo die herstammt, war es ja immer so, aber die Frau pustete. Am Mittag zog's in der Ferne auf, schwarz, eine Wolke mit schwelligen Rändern. Doch nicht ein Gewitter etwa? Die Frau flatterte ein wenig unruhig durchs Haus, schloß vorsichtshalber schon jetzt alle Fenster; an ihre Palme dachte sie auch, aber der tat ja ein Regen nur gut. Sie saß nun im verdunkelten Zimmer – man sah kaum mehr etwas, es war plötzlich ganz finster – und hielt die Hände gefaltet, wie immer beim Gewitter. Da, horch, fernes Tosen! Kein Donner, ein Heulen! Es wälzt sich etwas heran. Ein furchtbarer Windstoß fuhr gegen das Haus, riß alle Läden los und warf sie krachend vor die erbebenden Fenster. Und nun ein Rauschen, so unheimlich – es kam näher und näher – und plötzlich ein Niedersausen, bei jäher völliger Finsternis ein peitschendes Prasseln, ein Knirschen wie von springenden Kieseln – immer mehr, immer lauter, Hagel!

Zitternd war die Frau zusammengeschreckt, mit einem Aufschrei aus der Türe gestürzt! Die Palme! Hagelstücke, so groß wie Nüsse, wie Taubeneier, die schlagen alles zusammen.

Sie hatte den großen Regenschirm aus dem Ständer gerissen – ein altes verfärbtes Regendach aus Urväterzeiten – schon stürzte sie in den Garten, in das Rauschen, das Sausen, das Knirschen und Prasseln hinein. Sie spannte den Schirm auf, streckte schützend den Arm hoch: nun mochte es hageln, Sterne von Eis mit zackigen Rändern um festen Kern, nun mag alles niedergeschlagen werden, das Gras, die Büsche, die Blumen – ihre Palme schützte das rettende Dach aus Urväterzeiten.

Gepeitscht, geschlagen, beworfen. Wie Nüsse, vom Baum geschüttelt, nur noch viel härter traf es sie an den Kopf. Blut lief ins graue Haar.

Die gute Frau Schmitz hatte sich doch erkältet, obwohl sie sich gleich umgezogen, einen heißen Kaffee getrunken hatte und mit einer Wärmflasche ins Bett gekrochen war. Frostschauer schüttelten sie, aber sie war doch herzlich vergnügt: die Palme gerettet!

Am dritten Tag war die Witwe Schmitz tot. Sie wurde neben Herrn Schmitz beigesetzt. Die Palme stand vergessen. Plötzlich fiel es jemandem ein: Die setzen wir aufs Grab, da wird sie sich gut ausnehmen, was soll man auch sonst damit?!

Und so geschah es. Und es war merkwürdig, die verzärtelte Pflanze, von fernen Inseln der Südsee stammend, breitete kräftige Wedel aus, und ihr Gefächer, frisch und grün, erzählte von einem Paradies, das auch hier unter grauem Himmel schön ist.

DER PREIS

Es war in dem Jahr, als Butter in Deutschland so rar war, wie rote Kirschen um Weihnachten, daß Finchen Graustück und Nettchen Schmitz dem Dorf auf der Höhe zustrebten. Sie kamen von der Haltestelle der Eisenbahn, die beträchtlich tiefer liegt, so viel tiefer, wie sie es sich gar nicht vorgestellt hatten. Der Peter, der gute Bekannte von Fina Graustück, der im Dorf wohnte, hatte doch dazumal gesagt, es sei nur ein Viertelstündchen – nun ja, der war das Bergangehen gewohnt, machte mit seinen derben Schmerstiefeln nur einen langen, weitausholenden Schritt, während sie auf ihren hochhackigen Halbschühchen trippeln mußten wie Bachstelzen über Kiesel. Schon hatten sie ganz nasse Füße. Die Straße war ein Bach; in den tiefausgefahrenen Geleisen stand das Wasser, es kräuselte sich bei jedem Windstoß wie ein richtiges Wasser und schwuppte über, stellenweise half das noch so vorsichtige Hinüberhüpfen nichts. Sie mußten mitten durchpatschen. Und der Atem des Hochlands schnob ihnen entgegen. Der Nordost stemmte sich förmlich gegen sie, klatschte ihnen die Röcke an, daß sie kaum ausschreiten konnten, pustete sie durch und durch, pustete ihnen bis ins Herz. Als sie heut am Sonntagmorgen von Köln am Rhein abgefahren waren, war es da ganz angenehmes Wetter gewesen, trocken und noch wärmlich, wer hätte gedacht, daß es hier so ungetrost sein könnte.

Nun fing es gar an zu regnen; Oktoberregen, aber schon kalt wie Schnee. Von der schönen Aussicht, die der Peter gerühmt hatte, war auch nichts zu sehen, alles grau und verdrießlich, so verdrießlich, wie sie selber es waren. Die Jüngere von beiden spannte ihren Schirm auf: gut, daß sie den mitgenommen hatte, ihr Sammethut vertrug durchaus kein Naß. Aber der Wind wollte ihr gleich den

Schirm entreißen, sie hielt fest, sie kämpfte – umsonst – der unhöfliche Blasius drehte ihr roh den Schirm um, sie hatte kein schützendes Dach mehr über sich; nur eine triefende Tulpe. Da fing Nettchen Schmitz laut an zu klagen: ihr Hut, ihr schöner Sonntagshut! Und ihr Kostüm! Es wurde ganz zu schanden, die Jacke mit dem Kaninchenkragen, der plissierte Rock! Der Taffetunterrock war auch hin, sie fühlte ihn schon nass und schmutzig an den Florstrümpfen. Selbst die hell-lila Bluse, die sie erst letzthin erstanden hatte vom Sauer-Ersparten, für die sie gehungert hatte, ging zum Teufel. O, daß sie sich mit der Graustück eingelassen hatte! Butter hin, Butter her! Dann mußte man eben weiter trocken Brot essen; wer weiß überhaupt, ob es sicher war, daß man Butter bekam. Wenn nun die Bauern mit nichts herausrückten? Sie überschüttete die andere mit Vorwürfen: »Warum haste mir den Floh ins Ohr gesetzt? Immer: ›Butter, und ich weiß, wo man Butter kriegt‹ – geprahlt und geprahlt mit deiner Bekanntschaft – o je, wenn der Peter dich nu vergessen hätt'! Es is als lang her, daß der im Lazarett unten lag, und, als er besser war mit dir« – sie schluckte auf – »mit dir spazieren ging. Was dann? O je, o je!«

Enttäuscht und todmüde hätte sich Nettchen am liebsten auf den abgehauenen Baumstumpf am steilen Absturz fallen lassen, wäre da sitzen geblieben mitten im Regen – mochte es gießen, ihr war jetzt alles eins! – wäre ganz versunken in ihr trauriges Geschick. War es denn nicht auch traurig, im Schneideratelier zu sitzen von morgens bis abends und wie gehetzt zu nähen – es gab noch immer Leute, die Kleider haben wollten – sich die Finger wund zu sticheln, dann abends daheim in eine kalte Stube zu kommen und nicht mal Butter auf dem Brot zu haben? Die Graustück nahm alles leichter, freilich, die hatte einen Mantel an, der was abhielt. Und ihren Hut konnte sie darunterstecken; und sie hatte nette Bekanntschaften, war längst nicht so abgefallen, war noch gut bei

Leibe. Nettchen Schmitz drehte ein verweintes Gesicht der anderen zu, die Tränen liefen ihr herab bis zu den Mundwinkeln: »Wenn du mich angeführt hast, wenn wir keine Butter kriegen, dann, dann – sie schrie es laut – »dann bring ich dich um!«

Fina Graustück erwiderte lachend den drohenden Blick: vor der Angst haben, vor dem dürren Ding? Sie warf sich in die volle Brust. Aber dann kam sie dicht zu der Kleineren heran und legte ihr gutmütig den Arm um die durchnäßte Jacke: »Bis' still, Nettchen, gleich sind wir da. Und dann laß mich nur machen, es geht alles gut. Dein Kleid trockenste wieder. Heb' es doch höher, du tunkst ja ein!«

»Ich bin bang, es sieht uns jemand.«

»O was!« ungeniert hob Finchen Graustück ihre Kleider bis in die Kniekehlen, noch höher; tapfer stapften ihre dicken Waden durch den Morast. Da waren jetzt frische Spuren bäuerlichen Viehs – Mist, dampfender Mist, trotz des Regens stark duftend – sie mußten ganz nahe beim Dorf sein. Der Weg drehte sich um eine vorspringende Felsnase, richtig, da lag es auf einer weiten Flur.

Alles abgeerntet, die Äcker zum Teil schon wieder frisch umgebrochen. Aber roch es nicht noch nahrhaft hier, überall, nach Korn, nach Kartoffeln? Selbst die halbwilden Bäume am Weg mit den grauen Zottelbärten von Moos hatten eine Last Früchte getragen; kleine rotbackige Äpfel, goldgelbe Birnchen, zu hohen Haufen geschichtet, lagen am Grabenrand. Man hatte wohl vor allem Ernten noch nicht Zeit gehabt, sie herein zu holen. Auf Wiesenstreifen weideten Kühe, von Nebeln umhüllt erschienen sie ungeheuer groß; als es aus einer Nebelwolke dumpf brüllte, erschraken die beiden Mädchen. Das klang ganz unheimlich, aber dann lächelten sie sich zu: wo es solch große Kühe gab, da gab es auch viel Butter. Ein Rudel Ziegen kam herangesprungen und begrüßte sie neugierig meckernd – oho, Ziegenbutter war nicht zu verachten, auch die würde gut schmecken. Und Schweine gab es hier, große fette Schweine – dort wühlten welche grunzend an einem schlammigen Pfuhl – am Ende konnte man auch Schmalz mit heimbringen. Alles war aussichtsreich hier, vielversprechend.

Sie fühlten sich plötzlich gar nicht mehr müde und auch nicht durchnäßt.

Es hatte mit regnen jetzt aufgehört, ein Stückchen blauer Himmel guckte plötzlich durch. Flatternd schwebte ein Schwarm Vögel daher – waren das Tauben aus vollen Scheuern? Ein Vogel kam näher heran, er war ganz schwarz – ach so, nur ein Rabe! Er flog auf einen Baum, dicht bei ihnen, frech saß er da und äugte vertraulich. »Ksch«, machte Finchen Graustück, aber er störte sich nicht daran. Sie verstanden sein Krächzen nicht, es hieß: »Ich bin hungrig!« Ein Habicht stand plötzlich in der Luft, bewegungslos, gleich würde der wohl niederstoßen auf ein fettes Rebhuhn. Die beiden hielten an und sahen ihm zu: ein Rebhuhn, wie lecker! So einer hat es gut, hat es hier besser als anderswo die Menschen! Aber ein Rebhuhn war nicht da, der Habicht nahm fürlieb mit einer Maus.

Nun waren sie beim ersten Haus. Ein stattliches Dorf. Viele weiß und blau getünchte Häuser; sie waren nicht groß, aber sie hatten große Misthaufen vor den Türen, und wenn viele von den Häuschen auch nur mit Stroh gedeckt waren, so hatten sie doch Blumen hinter den Fenstern, noch Fuchsien und Geranien, und auf den Schwellen standen rotbackige Kinder und hielten große Brotschnitten in den Händen.

»Du«, flüsterte die Graustück und stieß Nettchen an, »haste gesehn? Butterbrote! Und dick gestrichen! Klopf du links an, ich klopf rechts an. Nur gleich dreist fragen!

»Ja«, sagte Nettchen. Und dann trennten sie sich. Die Eine ging links das Dorf hinab, die Andere rechts. Wiederfinden wollten sie sich beim Wirtshaus neben der Kirche. Deren spitzen Turm sah man weithin.

Finchen Graustück hatte ihren Hut wieder aufgesetzt und den Mantel gefällig gerafft. So ließ sie sich nicht so leicht abweisen. Es war zwar eine große Enttäuschung für sie, daß die Bäuerin fragte: »Butter? Mir haon kein Butter«, und sie ansah mit so abweisenden Blicken und die Schultern so kalt zuckte, daß eine andere als sie kehrtgemacht hätte. Aber sie ließ sich nicht einschüchtern: »Sie haben doch Küh' im Stall, ich hör' sie ja brüllen. Das wär' doch noch schöner, wenn Sie keine Butter hätten – eine Schand!«

Eine Schande keine Butter?! Das ließ die Bäuerin nicht auf sich sitzen: »Oho, Butter haon mir wohl, äwer nuren für uns. Mir haon kein Butter für fremde Leut. Wer seid Ihr dann, wo kommt Ihr dann här?« Und sie maß die Fremde mit mißtrauischen Blicken: was war das für Eine? Dem Herr Pastor seine Schwester sah anders aus. Was hatte die für einen Unterrock! »Jeßmarijusep, en Unnerrock aus purer Seid! Un die Strümp, die Strümp, dat sin jao gar kein Strümp, die Bein wie nackigt!« Die Frau hielt Zwiesprache mit sich, sie war sich gleich einig. »Un die Schu, un die Schu, haste su ebbes schuns gesiehn? Die Absätz en Ell' hoch!« Nein, was brachte so ein aufgedonnertes Stadtmensch Butter zu essen! Dem Bauernweib stieg es wie Haß auf. Dieses Stadtmensch ging spazieren im großen Staat, und sie hatte heute am Sonntag noch nicht einmal eine reine Schürze umbinden können, das Vieh brüllte und wollte gefüttert sein, die Kinder schrien und wollten gewartet sein, der Mann schimpfte, wenn nicht pünktlich all das beschickt war, was zu beschicken war. Nein, das Stadtmensch kriegte keine Butter, und wenn sie bis an den Hals in Butter säßen.

Von einer Tür zur anderen zog Finchen Graustück. Nach dem Peter hatte sie gleich gefragt: wo wohnte der?

Aber sie hießen hier alle Peter. Wo ihr Peter wohnte, das hatte sie noch nicht herausgebracht. Sie versuchte ihr holdestes Lächeln und schraubte ihre Stimme herab auf den süßesten Ton: so lange hatte man keine Butter gesehen, geschweige denn gegessen, man war schon ganz herunter davon. Wenn sie nur ein Pfund kriegen könnte, nur ein einziges Pfündchen! Aber die Bauernweiber hatten keine Ohren. Nur da, wo ein Mann zu Hause war, schien es, als sollte sie Gehör finden. Butter, hm, ihr ein Pfund Butter verkaufen? Und einen guten Preis wollte sie zahlen? Ha, sie hatten wohl Butter, und er würde ihr auch ganz gern – aber – der Blick des Mannes wurde unsicher, er schielte nach seiner Bäuerin hin, zog die Schultern, und dann sagte er in plötzlicher Entschlossenheit: »Nä, Fräulein, wir verkaufen uns' Butter nit.«

Da war nichts zu machen. Was nützte es ihr, daß er ihr noch von seiner Tür aus nachsah, solange ihr bunter Unterrock leuchtete und der Reiher auf ihrem Hut winkte. Sie kochte vor Wut: diese Geizhälse, dieses gnietschige, selbstsüchtige Bauernvolk, möchte es ersticken an all seiner Butter!

Als sei ein Lauffeuer durchs Dorf geflogen, so war es jetzt. Wohin sie auch kamen, wo sie auch anklopften, da wußte man schon von den zwei geputzten Mamsellen. Die gingen auf Butter! Die Weiber schlugen ihre Türen zu.

Nettchen Schmitz war es nicht viel besser ergangen als Finchen Graustück. Wohl hatte ab und zu ein mitleidiger Blick sie getroffen: herrje, war die eingeweicht worden! Der Hut saß Nettchen ganz verbeult, darunter hingen die heut morgen noch so schön gebrannten Haare wie ausgegangene Fransen. Der Rock klebte ihr an. O, und wie sah der Kaninchenkragen aus! Sein schönes Weiß war ganz dunkel geworden, weiß Gott woher. Das ganze Mädchen war ein nasser Strich. Mit schüchterner Stimme fragte Nettchen nach Butter. Überall ein Nein, hier höflicher, dort gröber, hier unfreundlicher, da freundlicher; aber in jedem Haus abschlägiger Bescheid. Sie kam sich vor wie eine Bettlerin, trotzdem sie ja zahlen wollte, und ihr war es, als lachten die Leute noch hinter ihr drein. Da begann ihre in Köln eigentlich taubensanfte Seele die Federn zu sträuben: nein, nun fragte sie nicht mehr. Das hatte sie doch nicht nötig, sie, Nettchen Schmitz aus Köln, die Kleider nähen konnte, hier bei diesen ungebildeten Bauern von Tür zu Tür zu schleichen! Mochte Finchen das besorgen, die verstand all so etwas besser, die hatte auch den nötigen Kehrmichnichtdran, die würde schon Butter zusammenkriegen. Aber abgeben mußte ihr die dann davon, nicht ganz umsonst wollte sie das Reisegeld ausgegeben haben, und den morgigen Arbeitstag noch dazu verlieren, denn heute Abend schon wieder zurück zu sein, das war nicht gut möglich. Um Himmelswillen, wo sollten sie überhaupt diese Nacht zubringen! Das fiel ihr wie ein plötzlicher Schrecken ein. Ob es in so einem Dorfwirtshaus wohl eine Kammer und eine anständige Lagerstatt gab? O, wie anders hatte sie sich diesen Ausflug gedacht!

Von unruhigen Gedanken gequält, betrat sie das Wirtshaus, aber erschrocken fuhr sie aus dem Flur schon wieder zurück. Was für ein Lärmen! Ein Getöse von Stimmen, ein dröhnendes Lachen; rauhe Stimmen brüllten, ein Stuhl polterte um. Zankten die sich? Himmel, wenn die sich nun mit Messern stachen, so betrunken waren, daß sie aufeinander losgingen wie wilde Stiere? Sie getraute sich nicht einzutreten.

Vor den Steinstufen, die zum Eingang hinaufführten, stand sie wartend. Als Finchen noch immer nicht kam, ging sie bis zum Ende des langgestreckten Gebäudes, bis dahin, wo die Dachrinne glucksend in die daruntergestellte Regentonne spuckte, und lugte scheu um die Ecke in einen großen Hof. Da schlug ein Hahn stürmisch mit den Flügeln und jagte die Hennen, und allerlei Gefährte standen ausgespannt – es schien heut hier große Zusammenkunft – und aus einer mit Brettern verdeckten Kegelbahn erklang unablässig mächtiges Poltern und Geschrei. Als zwei Männer von dort her den Hof betraten, floh sie auch von hier.

Ungeduldig, sehnsüchtig wartete Nettchen auf die ältere Freundin. Wo die nur so lange blieb? Es war so scheußlich, hier herumzustehen. Aber wenn Finchen Butter brachte, dann war alles gut, dann wollte sie auch noch länger hier warten. In die Sehnsucht nach der Freundin mischte sich die Sehnsucht nach der Butter. Komisch, so lange ihr die so ferne gerückt war, so lange ihr Butter vorschwebte nur wie ein Traum, wie eine schöne Erinnerung, hatte sie sich eigentlich ganz geduldig darein gefunden, trocken ihr Brot zu essen, niemals Butter darauf zu haben. Sie hatte nicht daran gedacht, wie so manche, die auf Butter gingen, zum gleichen Zweck aufs Land zu fahren, die Graustück hatte lange an ihr herumquälen müssen. Aber nun war sie aufgestachelt. Jetzt, heute, hier, wo es so viel Butter gab, der Butter so nah, zum Greifen nah – in jedem Haus war die pfundweise – empfand sie eine nie gekannte Gier. Der Magen tat ihr weh, sie hatte eine Leere in ihm, eine schmerzhafte schreckliche Leere, die nur Butter – ha, Butter! – füllen konnte. Ihr war recht elend. Butter, Butter, wenn man die nur hätte! Nein, ohne Butter fuhr sie nicht wieder heim. Nicht umsonst wollte sie sich die Kleider ruiniert, sich einen Schnupfen geholt haben – schon fühlte sie brennende, kratzige Trockenheit in der Kehle – Butter, Butter! Sie hatte ordentlich Herzklopfen und eine Schwäche im ganzen Körper; auch im Kopf. Sie konnte nichts mehr denken, nur: Butter.

Schön goldig, sauber auf ein grünes Kappesblatt gebettet, lag die da, man hüllte sie auch in ein feines Tüchlein, das so weiß war wie Schnee – die Bauersfrauen waren immer sehr eigen mit ihrer Butter – wie köstlich, wie den Appetit reizend, wie lecker, leckerer als Schokolade und Honig, leckerer als alles andere in der Welt! Man tat sich die Butter auf den besten Teller, auf den mit dem Goldrand und den bunten Blümchen, man setzte sich davor an den Kaffeetisch, man staunte sie an, man verschlang sie schon mit den Augen. Kein Weg war zu weit dafür, keine Mühe zu groß – Butter, Butter! – man tat alles für sie.

Das Nettchen war ganz aufgeregt, wie Phantasien gaukelte es ihr durch den Kopf, sie spürte einen Buttergeschmack auf der Zunge, ihr hungriger Magen knurrte, gierte: Butter, ha, Butter!

Endlich kam Finchen Graustück. Aber Butter hatte sie nicht.

Die beiden Mädchen saßen im Wirtshaus. Im großen Saal. Eine Kammer mit anständiger Lagerstatt war nicht vorhanden im Dorfwirtshaus, aber ein großer Saal. Darin wurden alle Lustbarkeiten gefeiert: Hochzeitsmahl, Kindtaufe, Kirmes und Leichenschmaus, alles was das bäuerliche Leben bewegt. Eine kleine Bühne war aufgeschlagen, da saßen, wenn Tanz war, die Musikanten und spielten auf. Heute wurde nicht getanzt, darum waren Frauen und Mädchen zu Hause geblieben, aber Männer, Männer waren genug da. Junge und alte. Sie pafften, daß die Luft dicht war, und gafften durch blauen Knasterdunst nach den zwei Fräulein: waren die nobel! Besonders die Dicke gefiel.

Etwas geniert fühlte sich Nettchen Schmitz, sie wäre am liebsten gar nicht hineingegangen, aber Finchen Graustück hatte gesagt: »Du bist dumm«, und hatte sie vor sich hergestoßen, daß sie im Saal drinnen war, ehe sie sich's versah. Was sollten sie denn auch anderes machen? Auf der Straße konnten sie doch nicht stehen bleiben und auf nassem Acker sitzen auch nicht; zur Station zu gehen hatte auch keinen Zweck, der Zug zurück war längst fort, sie waren zu lange herumgeirrt. »Herumgetrödelt«, sagte die Graustück grimmig, »für nix und wieder nix.«

Sehr böse war sie zu Nettchen wiedergekehrt und sehr müde. Die Füße hatte sie sich abgelaufen nach dem

Peter; als sie keine Butter kriegte, hatte sie den gesucht, überall, aber den kriegte sie auch nicht.

Nun neigte der Herbsttag sich schon der Dämmerung zu. Sie hatten sich etwas zu essen geben lassen. »Etwas Warmes!«, beorderte die Graustück und sah Nettchen verweilend an, die sie warnend auf den Fuß trat: wenn das nur nicht zu viel kostete. Ei was, geärgert hatte man sich genug und genug abgerannt, nun mußte man doch wenigstens ordentlich essen. Ganz egal, was es kostete; das ganze Leben war sowieso eine Misère, »'n Dreck wert«, wie sie sich ausdrückte. Diese traurige Erkenntnis hinderte aber Finchen nicht, ordentlich reinzuhauen. Warme Schweinskoteletten, das hatte sie nicht erwartet; Bratkartoffeln dazu, und alles mit reiner Butter gebraten. Sie schluckte und stopfte, die Portionen waren sehr groß, auf Bauernmägen berechnet, aber sie hätte sich lieber einen Schaden getan, als etwas übrig gelassen.

Nettchen kam nicht so gut mit dem Essen voran; nicht, daß es ihr nicht geschmeckt hätte, im Gegenteil, es schmeckte so gut, daß ihr vor Wonne die Tränen in die Augen kamen; aber es war alles so mächtig, so fett von Butter, schon nach der Hälfte ihrer Portion machte sie halt. Man hatte zu lange nicht so buttrig gegessen; ihr Mund war zu klein, ihr Magen zu eingeschrumpft, immer langsamer wurde ihr Kauen, sie schluckte schwer.

»Kannste nit mehr?«, fragte die andere sie verwundert, und als sie bedauernd verneinte, zog Finchen Graustück auch noch den Teller zu sich heran und aß ihn blank. Nun war die Laune gleich besser. Wieder stieg die Hoffnung auf wie ein rosiges Wölkchen mitten in grauschweren Tabakswolken. »Paß auf«, flüsterte Finchen und ließ ihre blauen Äuglein unter den hellen Wimpern munter im Saal herumflitzen, »wenn die erst ihr Quantum intus haben, dann sollste mal sehen, dann kriegen wir Butter. Guck dich doch auch um, sitz nit so da als wärste« – sie unterbrach sich, um einem Burschen, der sie mit offenem Mund anstarrte, freundlich zuzulächeln. Da schmunzelte der; er war gar nicht so dumm wie er aussah. Es dauerte nicht lange, und er hob sein Bierglas gegen sie und sagte: »Prost!« Da sagten auch andere »Prost«.

Die Graustück war durchaus nicht dumm-stolz; pah, Menschen sind Menschen, ob sie nun aus der Stadt sind oder vom Land, und Mannsbilder sind sich überall gleich. Sie zupfte Nettchen heimlich am Kleid, trat sie bedeutungsvoll auf den Fuß und warf ihr einen aufmunternden Blick zu. Sie selber spannte bald alle Segel auf. Es war eine flotte Fahrt.

Der große Saal dröhnte von all dem Gelächter. Die Graustück erzählte ›Köll'sche Krätzcher‹, die Burschen wieherten, so was verstanden sie auch. War das eine Lustige! Auch die Ehemänner rückten schmunzelnd näher heran: das war wahrhaftig mal etwas anderes, als daheim das Weib mit der platten Brust und dem Gesicht, das zehn Jahre älter aussah, als es eigentlich war.

Es fehlte der Graustück nicht an Bewunderern, aber auch für Nettchen fiel etwas ab. Sie wurde von der anderen mit fortgerissen. Wider Willen. Sie war erst scheu, tat schüchtern Bescheid, wagte schnell nur einen Blick unter gleich wieder gesenkten Lidern, aber als sie erst drei, vier Gläser getrunken hatte, und einen Schnaps nicht ausschlug, den ihr ein hübscher kraushaariger Bursch galant eingoß, wurde auch sie freier. Was schadete es denn, wenn sie mal ein bißchen vergnügt war? Morgen waren sie doch nicht mehr hier, in aller Frühe wollten sie hinunter zum ersten Zug. Und der Gedanke, vielleicht doch noch Butter mit heimzubringen, war verwirrend schön, so beglückend, daß sie, belebt von ihm, so lustig wurde, daß die Graustück bei sich dachte: »Guck einer an!«

Die Bauern waren etwas täppisch in ihren Freundlichkeiten, daher durfte man es nicht so genau nehmen.

Die Freundlichkeiten waren aber gut gemeint, und Bauern sind eben doch keine Stadtherren. Was jene an Umgangsformen mehr besaßen, das hatten diese hier mehr an Butter, Butter! Der Gedanke verließ die beiden Mädchen nicht. Butter, deretwegen waren sie ja hergekommen, hatten sich die Kleider verregnen lassen und saßen nun schon Stunden und Stunden im verräucherten Saal, von Müdigkeit, schlechtem Knastergeruch und scharfem Alkoholdunst schier betäubt. Kaum konnten sie noch die Augen offenhalten; sie wären gerne schlafengegangen, aber wohin? Die Wirtin hatte ihnen freilich in einem kleinen dunklen Raum, in den gelangte man von der Bühne des Saales, ein paar Strohsäcke hingelegt, aber die aufzusuchen hatten sie nicht den Mut – da waren gewiß Mäuse – und auch noch nicht Lust: erst wissen, wie es mit der Butter stand. Butter – endlich fiel das Wort.

Die Graustück flüsterte es ihrem dringlichsten Verehrer, dem Bauer vom Wiesenhof, zärtlich-fragend ins Ohr: »Butter?«

Er zog die Brauen und runzelte die Stirn; er hatte Wiesen und Kühe, Butter genug, aber die Frau, seine Frau! Die legte jetzt ein für den Winter. Er kratzte sich hinterm Ohr.

Da neigte sich die füllige Blonde entschlossen auf ihre andere Seite. Da saß der Sohn aus dem Mühlengrundhof, der hieß, wie damals ihr lieber Freund, wiederum Peter. Und sie lispelte, sich an ihn lehnend mit verschwimmendem Blick: »Kannste mir nit Butter verschaffen? Für Geld und gute Worte? Bist auch mein lieber Jung, mein goldiger Jung!«

Da lachte der Dreiste durchtrieben. »Geld haon ech sälwer, un Worte auch: Wat gibste sonst noch für't Pfund?«

Auch die längste Nacht geht zu Ende, es war wiederum Tag. Aber so früh wie Finchen Graustück und Nettchen Schmitz es sich vorgenommen hatten, waren sie doch nicht auf den Weg gekommen. Nun hatten sie das Dorf hinter sich, es war verschwunden hinter den verödeten Ackerbreiten, auf denen es ihnen heute nicht nach Korn und Kartoffeln roch; es roch nach vermodertem Kraut. Auf dem Holzbirnenbaum, darunter die Obsthaufen faulten, saß der Rabe von gestern und krächzte sie an; der hatte noch immer Hunger, sie waren satt. Aber zu satt, ihnen war übel. Sie schlichen langsam mit hängenden Köpfen, sie waren noch müde, sie gähnten laut. Und zum Sprechen hatten sie gar keine Lust. Erst als unten, ganz unten das Stationsgebäude auftauchte, und der schmale Schienenstrang sich wie ein Faden durchs Gewirk von Waldgrün und Erdbraun zog, gab sich die Graustück einen Rück: »Puh!« Und warf den Kopf in den Nacken: »Butter haben wir nu – was sagste, Nettchen?«

Die hatte aber nichts gesagt. Die starrte mit zusammengezogenen Brauen, hinunter, dem Schienenstrang nach, der sie nun bald, bald wegführte – Gott sei Dank! Sie war sehr bleich.

Die Graustück sah auch mitgenommen aus, noch viel mitgenommener als gestern nach dem Regen. Aber sie nahm das Leben, wie es nun einmal ist, und praktisch war sie immer. »Ich muß doch noch mal zählen«, sagte sie, »ob ich mich auch nit verrechnet hab.« Sie setzte sich auf einen großen Felsstein am Weg – es war noch lange Zeit, der Morgenzug war ja doch längst weg – und packte behutsam ein großes Paket aus, das sie, mit alten Zeitungen verhüllt, wie ein Kindchen im Arm trug. Lauter, lauter Butterklütchen – eins, zwei, drei, vier, fünf, sechs! Sie zählte mit ernsthaftem Blick: »Wahrhaftigen Gott, wirklich sechs Pfunde! Das hätt ich ja selber nit gedacht.« Und dann, ganz erhellt, lachte sie leichtsinnig laut auf: Es hat sich doch verlohnt. Findste nit, Nettchen? Zähl du mal nach!«

Aber Nettchen schüttelte verneinend den Kopf. »Ich mag nicht«, sagte sie finster. Und brach dann plötzlich in Tränen aus, in bittere, bereuende und anklagende Tränen – die Zeit, die Butter, ihr Schicksal beweinte sie.

Armes Nettchen! Sie hatte sieben Pfund.

Vulkanisches Land

Mitten im Herzen Deutschlands taucht ein Land auf, seltsam, eigentümlich, vom Schleier des Mystischen umwoben. Mit seinen erloschenen Vulkanen, seinen tiefen Kraterfelsen, seinen wie von Riesenhand in Grauwacke und Kalkstein des Plateaus eingerissenen Schluchten spricht es zu uns von einer unheimlichen Vergangenheit.

Einst schwankte der Boden unter mächtigen Stößen, finster war die Luft, mit Gebrüll öffneten die Berge ihre Rachen und spien Feuer und Lava zu Tal.

Mit der Mannigfaltigkeit seines Gesteins, seinen wunderlichen Felsbildungen und geradezu barocken Naturerscheinungen bietet es dem Geologen unendlich viel des Interessanten; aber ebenso anziehend ist es für den, der die Wissenschaft bei Seite läßt und Bilder einer ganz überraschenden, eigenartig schönen Landschaft auf sich wirken lassen will.

»Eifel, der nordwestliche Teil des rheinischen Schiefergebirges« – so beginnt das Konversationslexikon seine kurze Abfertigung – »ein welliges Hochland, ist einförmig, rauh und unfruchtbar.«

Das Geographiebuch spricht noch weniger freundlich: »Die Eifel ist das regenreichste Gebirge Europas!« Kein sehr verlockendes Epitheton[3]; und es darf einen nicht wunder nehmen, wenn schon dem kindlichen Vorstellungsvermögen die Bewohner der Eifel sich nie ohne aufgespannten Regenschirm präsentieren.

Am wenigsten anerkennend aber reden die allernächsten Nachbarn, die Anwohner des stolzen Rheins und die durch Klima und Lieblichkeit der Gegend so bevorzugten Moselaner.

---

3 Epitheton = Hinzufügung.

»Eifel?! Die arme Eifel!« Da werden Nasen gerümpft und verächtlich die Achseln gezuckt.

Also ein ödes Land, ein armes Land, in dem es dazu noch immer regnet!

Und doch ist die Eifel – wenig gekannt, wenig gerühmt – eine verschleierte Schöne, bei der es sich wohl lohnt, den Schleier zu lüften. Keine anerkannte Modeschönheit mit Allerweltslächeln sieht uns an, nein, ein ungeschminktes, etwas herbes Antlitz mit tiefen geheimnisvollen Augen und unberührten Lippen [...]

Auferstanden!

Sie gingen durch den knospenden Buchenwald. Über ihnen klarer, blauer, fröhlicher Himmel, um sie her goldenes Sonnengeflimmer, zu ihren Füßen raschelndes Laub. Es duftet nach Frühling. Noch zeigen die breiten Buchenäste kein Blättchen, das junge Grün schläft in braunen, schwellenden Knospen, aber es schläft nicht mehr fest, es träumt schon vom Tage der Auferstehung. Das Weidengestrüpp am Weg steht mit silbergrauen, sammetweichen Kätzchen, besät durch die zähen Stengel schießt der Lebenssaft, mächtig treibend, daß sie rot glänzen wie frisches Blut. Und unterm alten, vermoderten Winterlaub drängen sich die weißen Schneeglöckchen vor, in Bündeln und Büscheln hocken sie beieinander, schütteln die zartgrünen Stengel im lauen Wind und flüstern von Lenzeshoffnung.

Darüber auf den Ästen sitzen die Vögel und stimmen ihre Kehlen, noch klingt es schüchtern und leise zwitschernd, aber so lieblich, so freundlich – der Frühling liegt im Wiegenbett, sie müssen ihn wecken mit zarter Melodie, daß er die strahlenden Augen aufschlägt, die Hände voll Blumen greift und sie mit Jauchzen über die schauernde Welt schüttet.

»O wie schön, wie schön!« Ja, sie hatte es gut rufen, sie war so jung, so frisch wie ein Frühlingsmorgen! Das blonde Haar hing ihr in zwei mächtigen Zöpfen über den Rücken, sie hüpfte mehr als sie ging, sie sprang nach rechts, nach links, kniete ins Laub und raffte jubelnd die Blumen zusammen – Schneeglocken in der Hand, Schneeglocken an der Brust, und drüber ein reines weißes Mädchengesicht, leuchtend vor unschuldiger Freude. Wie kamen nur diese zwei Menschen zusammen, der noch nicht alte, aber müde, vergrübelte mit dem düsteren

Zug auf der Stirn, mit den Augen, die mehr nach innen als nach außen blickten, mit dem Haar, auf dem es wie früher Winterreif glänzt, und das blutjunge, lenzfrohe Ding? Das war sehr einfach. Der sehr gelehrte und berühmte Professor Raßmuß, das Licht der Wissenschaft, war des Treibens der Residenz überdrüssig geworden, satt vom Staub der Hörsäle, müde des Beifallgebrumms der Studenten. Er schloss seine Vorlesungen, er setzte sich auf die Eisenbahn und fuhr dem lieblichen Vorort der Hafenstadt K. zu. Droben auf der Höhe, an der weiße Villen sich hinziehen, wie schimmernde Perlen auf einer Schnur, mietete er sich ein.

Es war fast noch Winterszeit, aber der Wald war schön in seinem stillen Werden, und blau und sonnenbeglänzt rollte die Ostsee ihre breiten Wogen. Sehr still war's auch da oben, viele Villen standen noch leer, aber das war gerade etwas für Dr. Raßmuß, da begegneten ihm keine geputzten Leute, da rannten ihm keine spielenden Kinder vor die Füße, da war er hübsch allein und konnte ungestört sein Werk ›Über die Analyse der Seele‹ fortsetzen. Was gingen ihn die Menschen an? Er brauchte sie nicht und sie brauchten ihn nicht – ja, eigentlich brauchten sie ihn doch, wer hätte sie sonst so klug gemacht? Wer hätte ihnen denn mit unabänderlicher Logik, mit mathematischer Genauigkeit, so gewiss wie 2 x 2 vier ist, bewiesen, daß ›Herz‹ nur ein hohler Muskel, daß ›Seele‹ ein vollständig mißverstandener Begriff, daß ›Gott‹ weiter nichts als ein bequem zurechtgemachtes Ruhekissen sei! »Wir wussten das eigentlich schon«, sprachen dann die Leute, »aber er sagt es so sehr geistreich – man kommt sich selber ganz bedeutend dabei vor – es ist doch hübsch, daß man alles so versteht!« Herr Professor Dr. Raßmuß konnte hierzu merkwürdig bitter lächeln, und der Spott trat ihm in die Augen. »Wir sitzen nicht gern neben ihm bei Tisch«, klagten die Damen, »er ist so moquant!« – Moquant? Lieber Gott, traurig!«

Herr Dr. Raßmuß war kein Unmensch, das junge Ding neben ihm fürchtete sich wenigstens kein bisschen. Sie hatten sich kennen gelernt gleich am ersten Tag, den der Herr Professor in seiner Villegiatura[4] zubrachte. Er war mit dem kleinen Dampfer zur Stadt gefahren; als er mittags heimkehrte, stieg als einziger Passagier ein schlanker Backfisch im halblangen Rock mit aus. Beim Sprung auf den schlüpfrigen Steg stolperte sie, die Bücher aus ihrem Arm stürzten nieder, der Riemen löste sich, und die ganze Schulweisheit kollerte über die Planken. O je! Hastig bückte sie sich, und dabei zauste der Seewind ungestüm an ihren Kleidern und warf ihr die blonden Löckchen unter der weißen flockigen Mütze in die Augen. Sie war hochrot vor Anstrengung; der Herr Professor neigte den steifen Rücken und sammelte mit auf.

»O, wie gut Sie sind!«, sagte die frische Mädchenstimme, und dann lachte sie. »Nein, der Wind ist heut aber ganz toll – dabei ist's doch 1. April!« – Freilich, gerade darum! Da macht sich der Wind eben einen Aprilscherz, er findet ein schadenfrohes Vergnügen daran, die Röcke fest wie einen Sack um den jungen, warmen Körper zu drehen, das Blut in die zarten Wangen zu jagen und dem ernsten, gelehrten Herren ein kleines: »Aufgepasst!« in den Weg zu schleudern.

Ja, ja, wenn der Frühling in der Luft liegt, dann ist's gefährliche Zeit – selbst am dürren Holz können wunderliche Geschichten passieren!

Doctor Raßmuß lüftete den Hut und wollte, leicht grüßend, weiterschreiten, aber das liebe Gesicht unter der weißen Mütze guckte ihn so freundlich an, und der hübsche Mund sprach recht ehrlich: »Ich danke Ihnen, mein Herr!« Wie selbstverständlich trippelten die kleinen Füße neben ihm her, unwillkürlich holten seine langen Beine weniger weit aus.

4 Villegiatura: ital. ›Sommerfrische‹.

»Wirklich, ein nettes, zutrauliches Kind!«, dachte er, und sah sie von der Seite an. »Schade, daß bald genug eine bleichsüchtige, steifgeschnürte Modepuppe daraus wird!« – »Empfehle mich!«

»Ich bin noch nicht zu Hause«, sagte die Kleine, »da oben ist erst unsere Villa – sehen Sie, die allerletzte dicht am Wald!« Sie blieb stehen und wies mit der behandschuhten Rechten auf ein schönes, weißes Haus im Schweizerstil. Er folgte dem ausgestreckten Finger – oh, weh, der Handschuh hatte ein Loch, die rosige Fingerspitze guckte neugierig daraus hervor. »Ach,« sie errötete verlegen und versteckte rasch die Hand hinter ihrem Rücken – »mein Handschuh! Ich bin ein bisschen wild«, setzte sie dann erklärend hinzu, und das sind noch die alten Winterdinger – die brauch ich jetzt bald nicht mehr – nun wird's ja Frühling!«

»Ja, Frühling!« Weiter hatte er nichts gesagt, aber sie nickte glücklich und fuhr dann fort mit ihrem Geplauder, das wie junges Vogelgezwitscher an sein Ohr drang. Bald wusste Doctor Raßmuß, daß sie Susanne heiße, seit dem Tode ihres Vaters mit der Mama Winter und Sommer oben in dem weißen Haus wohnte, bald sechzehn sei und zu Ostern eingesegnet werde. Sie waren dann mit einem kräftigen Händedruck geschieden, und seit dem Tage waren der finstere Herr Professor und das sonnige Kind gut Freund.

Merkwürdig, alle Tage, fast ihrer vierzehn schon, wenn der Gelehrte um die Mittagszeit den trockenen, sonnenbeschienenen Waldweg auf- und abwanderte, der zwischen glatten Buchenstämmen wie in einem Rahmen die weißen Häuser mit ihren Gärten und tiefer unten das leuchtend blaue Meer wies, fand sich Fräulein Susanne ein. Wie ein Pfeil kam sie angeschossen, atemlos, mit glühenden Wangen und lachte schon von weitem ihr fröhliches: »Guten Tag«, oder sie stand hinter einem Baum und wartete, bis die hohe, dunkle Gestalt an der Wegbiegung auftauchte und über das bleiche Männergesicht mit der breiten Stirn und den tiefliegenden Augen ein erhellender Schein glitt. Ob sie wohl zu Hause etwas von ihrer Freundschaft erzählte? Ich glaube nicht viel. Es war doch zu schön, ein Geheimnis zu haben – andere Mädchen hatten auch so was – und sie wurde nun bald sechzehn, und daß er ein bisschen ältlich war, das war ja gerade so nett! Und wie klug er war! Zu schade, daß sie ihn den anderen Mädchen nicht zeigen konnte, die würden es nicht glauben, daß ein solch interessanter Herr ihr die Schulbücher aufgelesen.

Es war klar, Fräulein Susannes junges Herz hegte eine kleine Neigung zu dem ernsten Manne, drum hüpfte sie auch heute so strahlend heiter neben ihm durch den knospenden Wald, drum hob sie auch das blütenfrische Gesicht so zärtlich zu ihm auf und sah ihn mit den unschuldigen Augen freundlich an: »Ich bin so glücklich – o es wird, Frühling, Frühling! – sind Sie auch glücklich?« »Ich?« Ein bitteres Lächeln zuckte um die schmale Lippen des Mannes, »warum sollte ich wohl glücklich sein?!«

»Aber« – ihre großen Kinderaugen wurden noch größer, »ich verstehe Sie gar nicht! Man muß doch glücklich sein, wenn die Sonne so scheint und die Erde so duftet, und die Blumen kommen und das Grün und die Vögel – ach, sehen Sie, drüben stehen wieder so viel Schneeglocken, ei!« Fort hüpfte sie – und da kniete sie schon und brach mit entzücktem Ausruf die zartgrünen Stengel – und da stand sie schon wieder vor ihm und hielt ihm das Sträußchen entgegen. »Hier, hier – der Frühling lässt Sie grüßen!«

Er nahm die Blumen aus ihrer kleinen Hand und starrte darauf nieder; es glitt wie Schmerz über sein Gesicht, und er seufzte aus Herzensgrund. »Warum seufzen Sie?« Sie sah ihn ordentlich besorgt an, »mögen Sie die Blumen nicht leiden?« »O ja, ich mag sie schon.« Seine Antwort klang kurz; er schien in Gedanken versunken; so wanderten sie stillschweigend ein Stückchen weiter; Fräulein Susannes hübscher Kopf drehte sich hin und her, und ihre glänzenden Augen streiften verstohlen das Antlitz des Begleiters. Plötzlich zupfte sie ihn am Rockärmel und ihre Stimme klang unsicher: »Sind Sie traurig? Er nickte zerstreut. »Ach, seien Sie nicht traurig«, bat sie ganz beweglich und fasste nach seiner Hand, »ich habe nachts schon manchmal gedacht, vergnügt sind Sie eigentlich doch kein bisschen; aber so ein Gesicht wie heute, haben Sie noch nie gemacht. Sehen Sie sich um, bitte, bitte, die Welt ist ja so schön, so wunderschön! – die Menschen sind alle so gut.«

»Gut? Das finde ich nicht.« »O doch, das sind sie wohl«, sie wurde ganz eifrig, »zu mir sind sie alle gut, und ich bin ihnen auch allen gut, und morgen ist Ostern, da läuten die Glocken so hell und feierlich, und ich werde eingesegnet – o, wie freue ich mich!« Sie jubelte die letzten Worte laut und presste die Hände ineinander. »Bitte, bitte, freuen Sie sich auch – morgen ist ja mein Ehrentag, da müssen Sie in die Kirche kommen, da sehen Sie auch meine liebe, schöne Mama, und ich nicke Ihnen zu – morgen müssen alle Menschen glücklich sein – nicht wahr, Sie freuen sich?«

Er schüttelte den Kopf. »Ich kann mich nicht mehr freuen, liebes Kind, die Zeiten sind vorbei. Ich bin alt!«

»Aber morgen ist doch Ostern und ich –« »Jawohl, Ostern, Sie haben recht«, fiel er ihr ins Wort, »aber für mich ist Ostern keine frohe Erinnerung, ich möchte mir die Ohren verstopfen beim Läuten der Glocken und dreinschlagen, wenn die Kinder schreiend und lärmend nach Ostereiern suchen – doch lassen Sie's gut sein, Susanne. Sie sind jung und können mich nicht verstehen. Ich will nichts mehr von der Welt, meine Welt ist die Wissenschaft, ihr lebe ich; aber man wird arm dabei« – er neigte den Kopf und seufzte; sein Seufzen klang wie ein Stöhnen – »arm und sehr einsam!«

»Nein, nicht arm, nicht einsam!«, sie rief es laut, und ein brennendes Rot stieg ihr in die Wangen, »ich kann das nicht hören – oh, –« und plötzlich in Weinen ausbrechend, schlang sie die Arme um den Hals des Erschrockenen.

»Seien Sie nicht traurig, es bricht mir das Herz – ich bin Ihnen so gut – meine Mama gibt mir Geld, Sie können bei uns bleiben – ich will Sie auch gern heiraten, wenn Sie so gut sein wollen und noch ein bisschen warten, ich werde ja erst morgen eingesegnet – bitte, bitte, sagen Sie – ni – i – – icht a – arm – nicht – ei – ei – einsam –!« Ein Schluchzen – ein inniger Druck – eine tränenfeuchte glühende Wange streifte die seine ein leichter Kuß zitterte auf seinem Mund – dann flatterte ein Kleid, ein paar blonde Zöpfe wehten – fort war sie!

Herr Professor Doctor Raßmuß stand verdutzt und sah ihr nach; der hohle Muskel in seiner Brust tat ganz wunderbar. – Was war das?! Ja, das war ein Kuss, ein wirklicher, wahrhaftiger Kuss – wird Ihnen schwindelig, mein Verehrtester? Haben Sie's gefühlt, wie es sich auf Ihre Lippen legte, weich und zart wie ein Blütenblatt? Haben Sie's gehört, wie es an Ihrem Ohr flüsterte wie Lenzeshauch? Haben Sie's gemerkt, wie es über Ihre Wangen tröpfelte, warm und lind wie Frühlingsregen? So, das geschieht am dürren Holz – »Herr Gott!« – Professor Raßmuß schlug sich vor die Stirn und ging nach Hause in tiefen Gedanken.

Die Nacht schlief er schlecht, vielmehr gar nicht. Er saß aufrecht in seinem Bett und starrte in's Dunkel hinein. Sein Herz war wie ein Brunnen, im dem das Wasser geschlafen hat, dunkel und still, jahrelang; da kommt ein spielendes Kind des Weges, es wirft mit der kleinen Hand ein Steinchen, eine Blume hinab, und unten im Wasser wird's lebendig. Es regt sich, es murmelt in der Tiefe, es quillt empor.

Zwanzig Jahre, zwanzig lange Jahre hatte ihn niemand geküsst – und neben Susannes rosigem Gesicht tauchte ein anderes Mädchengesicht auf; fast sahen sich die beiden ähnlich. Es war auch Ostern, er ging zwischen grünschimmernden Gartenbüschen, und vor ihm stand die Herzallerliebste und hielt ein Osterei in der Hand. Ein weißes hübsches Zuckerei mit bunter Schrift:

»Dies Ei ist fein –
mein Herz ist dein! –«

»Gib es mir«, hatte er gebeten; aber sie hatte den Kopf geschüttelt, war rot geworden, es lachend dem Menschen, dem Kerl geschenkt, der schon den ganzen Tag um sie herumgeschlichen. –

»Regierte mich der Teufel!« Der Mann im Bett rief es laut – war es wert, sich um ein Osterei zu entzweien?! Ja, er hatte gescholten, reizbar, heftig, misstrauisch – sie hatte geweint – ein Wort gab das andere, liebe gute Freunde trugen dazwischen, aus war's!

Mit blutendem Herzen schied Albert Raßmuß von der einst Heißgeliebten, er ging ins Ausland, er vergrub sich in Bücher, er kam wieder und wurde ein berühmter Mann, er wurde – ach –!

Das war ein Morgen, als Herr Professor Doctor Raßmuß den Weg zur Stadt antrat! Über Nacht war's gekommen wie mit Zauberschlag, ein grüner Schleier lag auf den Bäumen zur Seite der Straße, die Fensterläden der Villen waren zurückgeschlagen, helle Gesichter guckten heraus, in den Gärten machten sich blaue und gelbe Krokusse breit, die Büsche glänzten voll junger Blättchen, Vogelgeschwirr, Lachen, Jubel, Kinder liefen über den Weg, Palmzweige in den Händen – Ostern – Frühling – Erwachen – Auferstehen! Die Glocken der alten Kirche läuteten, schwer, feierlich, getragen, aber im dröhnenden ehernen Kranz war eine fröhliche Hoffnung, eine selige Gewissheit – Ostern – Ostern – Freude der Sterblichen!

Die Menschen strömten ins weit geöffnete Kirchenportal, Gesangbücher in den Händen, Festesglanz auf den Gesichtern – Doctor Raßmus drängte sich mit durch; er stand an einen Pfeiler gelehnt und sah hinüber zum Altar.

Die Orgel spielte, der Geistliche predigte, und jetzt, jetzt trat sie vor in der Reihe der Genossinnen, seine kleine Freundin, das blonde Kind – nein, heute kein Kind mehr! In langen Falten hing das schwarze Kleid an der langen Gestalt herunter; um den Kopf schlang sich ein goldener Flechtenkranz – sie schritt die Altarstufen hinan – sie stand und schlug die Augen nieder, leise zitternd, bebend vor Andacht und heiliger Scheu.

»O, wie ist die hübsch«, flüsterten die Leute ringsum – ja, sie war hübsch! Aber sie war mehr als das! Doctor Raßmuß fühlte sich innig bewegt.

Durch die bunten Kirchenfenster drang sanftes, warmes Licht, vom Chor tönten helle jubelnde Knabenstimmen, die Gemeinde fiel tief und kräftig mit ein, die Orgel brauste – vor seinen Augen verschwamm Susannes jugendliche Gestalt, in seinem Innern sprang ein Fenster auf, was lange verschlossen gewesen, eine heiter-quellende Morgenluft strömte herein, er neigte die Stirn in die Hand und lauschte dem Gesang, dem Glockenläuten:

»O tönet fort, ihr holden Himmelslieder!
Die Träne quillt, die Erde hat mich wieder!«

Wie einer, der lange in Haft gesessen und dem die Tür zur Freiheit plötzlich geöffnet wird, so schwankte der Herr Professor zur Kirche hinaus. Draußen Frühlingsluft, Frühlingszauber, und durch das blendende Sonnengeflimmer kamen zwei Gestalten auf ihn zu, eine elegante, noch schöne Frau mit leichtem Grau an den Schläfen und ein junges blondes Mädchen.

»Ach, da sind Sie ja«, rief Susannes Stimme, ein wenig verschämt und doch so freudig, »wie nett von Ihnen! – Und hier, hier, das ist meine Mama!«

»Meine Tochter hat mir alles gebeichtet«, sprach die weiche Stimme der Mutter mit leiser Befangenheit. »Susanne ist ein gutes Kind, nur etwas unbedacht. Verzeihen Sie, mein Herr, denken Sie nicht –« Was hatte sie nur, warum stockte sie plötzlich, warum zitterte ihre ausgestreckte Hand, warum wurden ihre dunklen Augen so groß und weit?! »Mein Gott, mein Gott, ist's möglich, sind Sie –?«

»Albert Raßmuß, zu dienen«, antwortete die tiefe Männerstimme, und über das zerfurchte, vergrübelte Gesicht zuckte es seltsam – »meine gnädige Frau, seien Sie tausendmal gegrüßt als Susannes Mutter!« Er verbeugte sich tief und küsste die bebende Frauenhand. Susannes Augen irrten fragend hin und her, und ihr Mund blieb erstaunt geöffnet: »Aber Mama, ihr kennt euch ja schon?« »Wir kennen uns schon«, sprach die Mutter fest, und Doctor Raßmuß fiel ein: »Freilich ist es lange her, aber wir haben uns gut gekannt, sehr gut.« »O, das ist schön, das ist herrlich!« Susannes Jubel war kaum zu dämpfen. »Dann kommen Sie zu uns, oft, heute noch, heut Nachmittag in unseren Garten, ich suche Ostereier – nicht wahr? Ja?!« Über Raßmuß' Gesicht flog ein Schatten »Ich weiß nicht –« »Ich bitte, kommen Sie!«, sprach die Mutter und sah ihn an mit sanftem Rot auf den Wangen. »Wenn Sie gestatten, gnädige Frau – ich komme!«

Der Nachmittag war da. Im Garten der weißen Villa, oben am Waldsaum, schritten die verwitwete Frau Generalconsul Werner und der Herr Professor Raßmuß auf und ab. Sie gingen immer wieder und wieder denselben Pfad, wohl schon eine Stunde lang, sie sprachen eifrig, halblaut, auf ihren Gesichtern lag eine tiefe Erregung. Sie sahen nicht den Sonnenglanz über den frühlingsfrischen Beeten, nicht den blauen Himmel, nicht das weite Meer, sie sahen nur ihre Jugendzeit, und leise schlug die Erinnerung ein Blatt des Buches nach dem andern um.

»Mama, Mama!« Fast erschrocken fuhr die Frau Generalconsul zusammen, in den Büschen rauschte es, Susanne kam gesprungen, wild flogen die blonden Zöpfe, das hübsche Gesicht glühte vor Lust; die Jungfrau vom Morgen war wieder Kind geworden. »Liebe Mama, sieh, dies Ei, dies schöne Zuckerei – das schenk ich euch, das müsst ihr teilen!« Sie brach die Schalen auseinander und hielt Mutter und Freund die Gabe hin. »Da!« Und schon stürzte sie wieder fort zu neuen Entdeckungen. Die beiden standen und sahen sich an. Sie blieben stumm, eine lange Weile. Man hörte nichts als ihren zitternden Atemzug, und dann flüsterte sie, scheu beklommen: »War es möglich, War's möglich – um ein Ei?« – »So lange, lange Jahre!« – »Albert!« – »Leonore!«

Ihre Hände fassten sich mit warmem kräftigem Druck, sie blickten sich tief in die Augen. – Lächelnd, gerührt! Sie konnten sich nicht jubelnd freuen, wie die Jugend sich freut, bei der die Wogen hoch gehen und das Blut stürmisch rauscht; sie waren zu alt geworden, der Winter hatte zu lange gewährt – aber eine stille, heilige Osterfreude blühte in ihren Herzen empor!

Susanne wurde gerufen. Als der gestrenge Herr Professor ihre Hand fasste und mit einem kleinen sarkastischen Zwinkern fragte: ob er ihr wohl als zweiter Papa nicht allzu unangenehm sein würde? Da warf sie sich lachend und weinend zugleich an die Brust der Mutter:

»Ja, Mama, heirate du ihn lieber – er passt am Ende doch besser zu dir!« Aus den Armen der Mutter sank das Kind in die Arme des Vaters, und Doctor Raßmuß flüsterte, als er das junge blonde Haupt küsste: »Ich bin auferstanden – Susanne, ich danke Dir!«

Glocken läuten im Tal, der Frühling sitzt im Busch und bläst die Schalmei, Osterglanz liegt über der Welt, Osterfrieden, Osterfreude! Im Garten wandeln drei glückliche Menschen; die gesetzten Leute gehen rechts und links, sie führen das Kind in der Mitte, sie halten ihren Frühling fest an den Händen.

Die Nachtigall

Eine Künstlernovelle

Manche Herren haben immer ihre besonderen Liebhabereien – warum auch nicht? Der eine sammelt Antiken, stöbert in kalbsledernen Bänden herum und gerät in Ekstase über irgend ein paar alte Topfscherben – der andre reist von Norden nach Süden, von Osten nach Westen, kauft wurmstichige Schränke und lebensgefährliche Stühle auf, kriecht in die armseligsten Bauernhütten und Ställe und entdeckt voll stolzer Forscherfreude in einem Viehtrog die kostbare annodazumalige Wiege eines erlauchten Adelsgeschlechts – dieser vergeudet sein Geld in Pferden und Hunden, jener gründet Klubs und Gesang-Vereine – alles erlaubt, sehe jeder, wie er's treibe!

Die ganze Welt ist eigentlich ein einziges großes Raritäten-Kabinett, und die Haupt-Raritäten darin, das sind wir mit all unsern Wunderlichkeiten und Verschrobenheiten. Wir sind alle Originale, mehr oder weniger, und keiner braucht sich über den andern lustig zu machen. Ich tu's auch nicht mehr. Ich träume gern in der Dunkelstunde, ich lasse dann allerhand Raritäten revue passieren, und vor meinem Auge taucht ein stattliches, schlossähnliches Gebäude auf, und ein großer Park dehnt sich hinter demselben, kühl und schattig, mit fast undurchdringlichen Gebüschen und feuchten Wiesengründen. Und durch den ganzen Park laufen allerhand Bäche und Bächelchen und Rinnsale, überall Wassertümpel und Tümpelchen – es ist so recht ein Park, um sich darin einen gehörigen Schnupfen zu holen. Aber was dem Menschen nicht grade förderlich, das lieben die Nachtigallen. Zu Hunderten und Aberhunderten nisten sie in den dunklen Büschen, hüpfen sie über den feuchten Rasen und schluchzen sie ihr lockendes, wehmütig süßes Lied die ganze dämmernde Frühlingsnacht hindurch. Nachtigallensang hier, Nachtigallensang dort – Nachtigallen überall – und durch die buschigen Gänge schreitet ein einsamer Mann mit lauschend vorgeneigtem Kopf, mit einem Ausdruck seliger Befriedigung auf dem guten Gesicht und nimmt aus dem Kistchen, das er in der Hand trägt, das leckerste Futter und streut es in die Schalen, die überall am Wege wie kleine Futtertröge aufgestellt sind, und lächelt und nickt.

Das ist mein Freund Themistokles Susemiehl, der seine Nachtigallen füttert. Er hat nur eine Liebe, die zu den Nachtigallen. – Der Wackere möge mir verzeihen! Ich habe zuweilen sehr über ihn gelacht jetzt lächle ich nur noch verstohlen, ich kenne seine Geschichte.

Herr Themistokles Susemiehl war der einzige Sohn steinreicher Eltern, und das ist schon an und für sich ein Unglück. Kaum war der Junge auf der Welt, so hieß er schon der »reiche Themistokles.« Er trug Sammethosen, während andre kleine Gesellen seines Alters lustig derben Buckskin blank rutschten, er fuhr fein säuberlich in der Equipage, während andere Buben froh durch die Pfützen patschten, er wurde angestaunt und bewundert, und als er in die Jahre kam und in der kleinen Stadt, in der sein reicher Vater das A und das O allen Lebens war, die Tanzstunde besuchte, da lagen sich schon sämtliche Backfische seinetwegen in den Haaren, und die diversen Elternpaare verbrachten schlaflose Nächte in banger Erwägung, mit welcher Bevorzugten er wohl den Kotillon tanzen würde. Der arme Themistokles! Er kam aus dem Angebetetwerden gar nicht heraus, und das ist ein ungemütlicher, gradezu angstvoller Zustand. Es wurde auch nicht besser, als seine ihn abgöttisch liebenden Eltern starben, im Gegenteil, es wurde immer schlimmer. Wo er sich sehen ließ, da hieß es: »Nein, der Arme, so einsam, so allein. »Wer ihn doch trösten könnte, diesen guten, liebenswürdigen reizenden Menschen!« Und dann wurden ihm all seine Tugenden vorgeführt, das ihm vor der eigenen Vortrefflichkeit graute – und die Väter drückten ihm bieder die Rechte, und die Mütter luden ihn zum Tee, und die Töchter scherwenzelten mit Blicken und Blickchen um ihn herum – o es war oft nicht zum Ertragen! Herr Themistokles war kein besonderes Licht, aber dumm auch ganz und gar nicht; er hatte ein Paar klare, helle Augen im Kopf, er verabscheute den Tanz um das goldene Kalb, er sagte trotzig: »Nun grade nicht«, langte sich Schopenhauer vom Bücherregal und las sich einen grimmigen Hass gegen die Weiber an. Und wenn ihm dann im Lauf der Jahre wohl einmal hier und da eine in den Weg kam, die ihm auch ohne all den Glorienschein des Goldes gern ihr Herz geschenkt hätte – er glaubte ihr nicht, er schlug auf seine Tasche und lächelte bitter: »Sie will mich nicht, sie will mein Geld – nun grade nicht!« – Das viele, viele Geld! Was manchen andern hochbeglückt hätte, verdarb unserm guten Themistokles die Laune. Es hing ihm wie ein Klotz am Bein und heftete sich wie Pech an seine Fersen. Er ging auf Reisen, in fremde Länder. Kaum hatte er einmal die Rechnung bezahlt und seinen Check beim Bankier präsentiert, so hieß es wieder »der reiche Herr Themistokles Susemiehl« – wütend kehrte er zuletzt um und fuhr heim – »ah, der reiche Herr Themistokles ist wieder da!« – Überall dasselbe Lied! So wurde Herr Themistokles ganz missmutig und in sich gekehrt, er traute der Menschheit nicht, witterte überall den Hang nach Gold und machte alle Anstalten, ein rechter Sonderling und eingefleischter Junggeselle zu werden, obgleich sein Herz nach Liebe schrie, und er den ganzen Mammon gern hingeworfen hätte für ein warmes, ehrliches: »Ich liebe dich!«

Herr Themistokles war oft sehr betrübt. So kam das Weihnachtsfest im Jahre 1887 heran. Es war kalt, bitter kalt, die Herren Klinckerfuß, Falb und, wie die Weisen des Abendlandes alle heißen mögen, prophezeiten großen Schneefall. Unser Freund hatte eine Einladung zu einer verheirateten Kusine nach Dresden, und da ihn in seinem einsamen Junggesellenheim nichts festhielt, und in Dresden keine gefahrdrohende Tochter, Schwester, Nichte, Freundin, Base etc. in Sicht war, nahm er an. Am 22. Dezember legte er die paar Stunden Entfernung nach der Reichshauptstadt zurück, logierte dort im ersten Hotel, schlenderte am andern Morgen durch die Straßen und ärgerte sich über die Menschen, die in ganz unvernünftiger Eile an ihm vorüberrasten, kaufte ein paar kostbare Unpraktischkeiten für die Kusine und landete endlich am Mittag des 23. auf dem großen Bahnhof, von welchem er die Weiterreise antreten sollte. Der Himmel hatte sich finster bezogen, und ein weicher flaumiger Schnee fiel so recht dick und gemütlich herunter, legte sich wie ein behäbiger Protze auf die Straßen und Dächer der Stadt, als wollte er sagen: »Hier bin ich, schafft mich weg, wenn Ihr könnt!« Schon gab es allerlei Verkehrsstörungen, die Pferdebahnen stockten, es wurde gekehrt, geschaufelt, die Leute stampften und klopften sich die Kleider ab – alles umsonst, binnen kurzem war's überall wieder weiß, weiß und nochmals weiß.

Das konnte ein schönes Weihnachtswetter werden!

Herr Themistokles zuckte die Achseln, was ging's ihn an? Er saß in seinen prachtvollen Pelz gehüllt, mit Fußsack und Decke wohl versehen, in dem behaglich durchwärmten Coupé I. Klasse und harrte der Abfahrt. Wie lange es dauerte! Das war ja heute eine grässliche Bummelei, und das Geschwätz auf dem Bahnsteig wollte auch gar kein Ende nehmen! Er steckte den Kopf durchs Fenster, helles Lachen tönte ihm entgegen. Nebenan vor der geöffneten Coupétür III. Klasse stand eine zierliche Mädchengestalt, umringt von einem Trupp junger Leute. Blutjunge Leutchen waren sie alle, entschieden Studierende irgendwelcher Hochschulen, angehende Künstler, die durchweg den göttlichen Funken des Genies in ihrer Brust und die großen Rosinen im Kopf trugen – man merkte es bei den Herrchen am langen, etwas ungeordneten Haar, bei den Dämchen an einer gewissen enthusiastischen Freimütigkeit und kleinen phantastischen Ausschmückungen der Gewandung. Die Kleine in der Mitte war entschieden die Einfachste. In ihrem ein wenig fadenscheinigen grauen Kleidchen, dem knappen Jäckchen und der Pelzmütze, stand sie dürftig und kindlich im Kreise der Genossen; ihr Gesicht konnte Herr Themistokles nicht erblicken, sie drehte ihm den Rücken, er sah nur den langen braunen Zopf auf den schmalen Schultern hin und her tanzen, und nun hörte er ihre Stimme: »Adieu, adieu – ich muß jetzt einsteigen! Adieu Melanie, Grete, amüsiert Euch gut in den Feiertagen – adieu Sascha, grüße den Professor – er war heut himmlisch in der Gesangstunde, sagst du?! adieu – wo ist denn mein Muff, meine Hutschachtel? – anderes Gepäck hab' ich nicht.« »Weiter gar nichts? Es schneit lustig, du wirst frieren, Emmi!« meinte die mit Sascha angeredete üppige Blondine. »O Gott bewahre«, lachte die Kleine, »in vier Stunden bin ich ja zu Hause, und unten in der Hutschachtel steckt mein Arienalbum, wenn mich friert, hol' ich das vor und übe mich warm an Koloraturen; ich scheine ja allein im Coupé zu bleiben!« »Lassen Sie sich diese neue Erwärmungsmethode, doch patentieren, Fräulein Emmi«, rief ein übermütiger, hochaufgeschossener Jüngling – der ganze Kreis fiel mit Lachen ein, das war ein Geschwätz, ein fröhliches Stimmengewirr! – wie eine Dissonanz, wie ein falscher Ton im Bass, dröhnte jetzt die rauhe Stimme des Schaffners in die jugendliche Harmonie: »Einsteigen!« »O – wirklich – schon – wie schade – adieu – vergnügte Weihnachten.«

Händeschütteln, Umarmen, die Kleine flog wie ein Ball von einem zum andern, dann wandte sie sich, und Herr Themistokles sah in ein schmales Gesichtchen mit großen blauen Augen und einem süßen, eigensinnigen Mund. Sie hüpfte in den Wagen und stand nun noch oben am geöffneten Fenster. Was hatte sie nur? Mitten im Lachen, Scherzen, Winken und Nicken zuckte es um ihren Mund, und die blauen Augen flogen unruhig über den Perron. Wen suchten diese großen Blicke?« »Einsteigen!« der Schaffner rief's zum letzten Male und krachte die Türen zu – »fertig« – da stürzte ein hübscher junger Mensch in stürmischer Hast herbei und auf die jugendliche Gruppe zu. »Aber Bergen, so spät? Wo bleiben Sie denn – beinahe war Fräulein Falk fort!« Der Atemlose gab keine Antwort, er schwang sich aufs Trittbrett und ergriff die kleine behandschuhte Rechte, die sich ihm entgegenstreckte. »Verzeihen Sie, Emmi, ich konnte nicht eher – da – ein paar Äpfel für unterwegs – ich hätte Ihnen gern noch Bonbons – aber die Gelder« – »reichten nicht«, fiel der Chor lachend ein – »Danke, ich danke Ihnen« – »Auf Wiedersehn gleich im neuen Jahr.«

Huit, ein schriller Pfiff, der Zug setzt sich in Bewegung, noch ein Händedruck, ein letzter Blick – der junge Mann springt zurück und schwenkt den Hut, eine Dampfwolke verhüllt das schmale, lächelnde, nickende Gesichtchen am Fenster. Fort geht's!

Herr Themistokles zog den Kopf zurück und schloss das Fenster – puh, wie das schneite. Er setzte sich in eine Ecke, hüllte sich in die warme Decke, blickte erst ein halbes Stündchen nach rechts, dann ein halbes Stündchen nach links – nichts zu sehen – Schneeflocke auf Schneeflocke verklebte die Scheiben – eine weißlich-graue Dämmerung hüllte die Welt ein – die Augen fielen ihm zu. Er schlief. Traumbefangen hörte er in verschiedenen Zwischenräumen den schrillen Pfiff, das Pusten der Lokomotive, Türenschlagen, gedämpftes Stimmengewirr, ein Abundzu, ein Hinundher – dann ächzte die Maschine weiter, die Räder rollten, der Wagen schaukelte sanft – nun wieder ein Halt – aha, eine neue Station! Herr Themistokles rieb sich die Augen, reckte und dehnte sich – schien hier recht lange zu dauern, wo war man denn eigentlich? Das Fenster ließ keine Ausschau zu, es war dick beschneit und zugefroren, auch fing es im Coupé an, unbehaglich kühl zu werden und keine Lampe erhellte die Dunkelheit – was war los? Draußen eifriges Hin und Her, erregtes Sprechen, jammernde Rufe, Fluchen, Schimpfen. Herr Themistokles bemühte sich, die verquollene Tür zu öffnen, da wurde sie auch schon aufgerissen, und ein Eisenbahnbediensteter mit trüb brennender Laterne leuchtete in den Wagen. »Aussteigen!« »Warum denn, weswegen? Wir sind doch noch nicht in Dresden?« Ne, mei Gutester, mei Bester, mer sein erscht in Röderau, aber das hilft Sie jetz nischte, nu müssen Se raus – es is nämlich alles verschneet.« »Zum Kuckuck, wie ärgerlich!«

Mit einem Satz war Herr Themistokles aus dem Wagen und versank gleich bis über die Knöchel im weichen Schnee. Er stand auf ödem, zugigen Perron, inmitten klagender, lachender, scheltender Menschen; soweit das Auge reichte kein Dorf, keine Stadt, nichts wie Schnee, Schnee, wieder Schnee und darüber ein sternloser, wolkenverhangener Himmel. Dicht und dichter schwebten die Flocken nieder, sie fielen unangenehm kalt und nass ins Gesicht und drängten sich zudringlich zwischen Hals und Mantelkragen – pfui, was für ein Wetter. Man raffte seine Siebensachen zusammen, man stapfte auf das kleine Stationsgebäude zu, das einsam und gottverlassen auf kahlem Felde lag. Man drängte hinein in den heißen, dunstigen Wartesaal – o weh, der war schon ziemlich gefüllt, da hatte es sich bereits eine Schar Reisender bequem gemacht, die, aus einer andern Richtung kommend, das gleiche Missgeschick ereilt hatte.

Lieber Himmel, was war das für ein Gefrage, ein Gejammere, ein Durcheinander, ein Heraus und Herein, ein Stöhnen und Seufzen! Man bestürmte das Eisenbahnpersonal! »Wann können wir weiter – sagen Sie doch!

In einer Stunde – in zwei, in drei – heut Abend – heut Nacht – morgen früh?« Stummes Achselzucken die einzige Antwort.

Eine schöne Geschichte! Die Herren gingen erregt auf und nieder, die Frauen wollten sich gar nicht zufriedengeben, ein paar kleine Kinder weinten, die wenigen Lampen schwelten, am Buffet klapperten Tassen und Teller, man schrie: »Kellner, Kaffee, Tee, Grog, Glühwein!« Der Ofen sprühte stickige Hitze aus, die Luft war dick zum Schneiden – Himmel, wie grässlich! Herr Themistokles hatte eine Sofaecke ergattert, dort saß er vor einem Glase Punsch und ließ die Blicke im Saal umherschweifen. Wenig Erquickliches, was sich ihm bot, doch halt – da drüben – in der Ecke am Fenster, dort saß, ein wenig abseits von den übrigen, jene Kleine, die in Berlin so fröhlich lachend ihre Reise angetreten hatte. Jetzt lachte sie nicht mehr. Ihr schmales Gesichtchen sah noch schmaler aus, die großen Augen noch größer, sie hatte die Füße auf ihre Hutschachtel gestemmt, und die Hände im Schoß gefaltet; so hockte sie unbeweglich an ihrem Plätzchen, wie ein kleiner verschüchterter Waldvogel.

Stunde auf Stunde verrann, das Jammern und Räsonieren verstummte allmählich, man machte sich's zur Nacht, so gut es ging, bequem und schickte sich ins Unvermeidliche. Die Kinder schliefen bereits fest auf dem Schoß der Mutter, die Männer suchten ihren Frauen mittelst Überziehern und Decken einen angenehmen Ruheplatz zu schaffen und legten selbst schützend den Arm um sie – eine wohltätige Stille löste endlich das wirre Durcheinander ab, wer schlafen konnte, schlief und vergaß alle Drangsale. Herr Themistokles hatte sich leidlich in seiner Sofaecke eingerichtet, für gute Worte und noch besseres Geld hatte er sogar ein Kissen erhalten, auch eine tröstende Flasche stand noch vor ihm. Ja, diesmal war das Geld doch angenehm, der Wirt forderte unerhörte Preise – die Vorräte seien fast alle erschöpft, behauptete er, und was er weiter dachte, sagte er nicht, nämlich, daß zum Schafe scheren jetzt der geeignetste Zeitpunkt sei. Alles still. Müde flackerten die Lampen, die Menschen ruhten alle, nur drüben am Fenster die Kleine saß kerzengerade auf ihrem Stuhl, die Hände im Schoß gefaltet. Herr Themistokles hatte sie den ganzen Abend beobachtet; sie hatte nichts genossen als ein paar Äpfel. Verlangend waren ihre Blicke immer wieder zu den dampfenden Kaffeetassen auf dem Buffet hingeglitten, nach einer Weile hatte sie ihr Beutelchen vorgezogen und war auf den Kellner zugeschritten – eine leise Frage – eine hastige Antwort – mit gesenktem Kopf war sie auf ihren Platz zurückgeschlichen, es reichte augenscheinlich nicht. Herr Themistokles konnte froh sein, daß sein Beutel reichte. Er trank seine Flasche leer, dachte noch dies und das und schlief endlich drüber ein. Mancher schläft nicht, selbst wenn er auf Eiderdunen und Seidenpfühlen liegt, und mancher schläft, wenn er in einem überfüllten Wartesaal in steiflehniger Sofaecke sitzt – man muss nur die Natur danach haben.

Als Herr Themistokles, zwar etwas steif und durchfröstelt, erwachte, graute der Morgen bereits. Alles war schon auf den Beinen. Man machte sich ein bisschen zurecht, man schrie nach Kaffee, man rannte auf den Perron, gleich musste es ja weiter gehen, höchstens noch eine Stunde – Jawohl, keine Idee an ein Durchkommen – Schnee, Schnee und wieder Schnee! Entmutigt, missgestimmt, unbehaglich, verstört saß man nun wieder im engen Wartesaal aufeinander gepfercht. Der Morgen verging, es wurde Mittag, Nachmittag, kein Hoffnungsstern blinkte, man schlug die Zeit tot, so gut es ging, man aß, man trank, was sich nur bekommen ließ, man erzählte, man spielte Karten etc., und in all dem Gewirr hockte das einsame Figürchen in der Fensterecke, die Hände im Schoß gefaltet, die Blicke starr auf den Boden gerichtet, stumm, regungslos, ein kleiner verlorener Punkt im

Weltgetriebe. Wie bleich waren die Bäckchen, welch tiefe Ränder unter den großen Augen! Trotz des grimmigsten Weiberhasses fing Herrn Themistokles gutes Herz an zu pochen. Das ging nun doch wirklich nicht so mit dem armen Ding da drüben, es aß nicht, es trank nicht, es sah aus zum Umfallen – mit plötzlichem Entschluss schritt er auf die Fensterecke los.

Beim Klang der fremden Stimme fuhr die Kleine zusammen und richtete ihre Blicke halb abweisend, halb ängstlich auf das unbekannte Gesicht. Es war ein gutes, treuherziges Gesicht, in das sie schaute, ihr festgeschlossener Mund öffnete sich ein wenig, und eine zarte Röte flog über ihre schmalen Wangen. »Ich danke, ich brauche nichts!« Die Stimme klang höflich ablehnend, aber das blasse Gesichtchen sagte nur zu deutlich: »Auch, ich brauche wohl etwas!« – Herr Themistokles ließ sich nicht abschrecken: »Natürlich brauchen Sie etwas, Sie zittern, Sie schwanken – dieses Glas Wein müssen Sie trinken um jeden Preis!« – er sagte es so ruhig und bestimmt, daß er über sich selbst erstaunte, – »hier, trinken Sie!« Die kalten, zitternden Fingerchen umspannten das Glas und führten es an die Lippen – ach, das tat so gut! – Wie Lebenselixir durchströmte der starke Trank die matten Glieder, eine köstliche Wärme rieselte bis zum Herzen, die Lippen stammelten: »Sie sind sehr gütig«. Herr Themistokles lächelte: »Und nun folgen Sie mir, Sie müssen jetzt etwas Warmes, Kräftiges essen.« »Ich – ich« – die Kleine stotterte »ich kann nicht – ich habe – ich habe kein Geld!« »So, kein Geld?« Herrn Themistokles kam das unendlich komisch vor. »Das ist meine Sorge!« Ohne eine Antwort abzuwarten, griff er nach ihrer Hand und zog sie in die Höhe. – »Ach nein, mein Herr, lassen Sie mich – ich danke Ihnen!« »Danken Sie später, ich kann es nicht zugeben, daß Sie einsam und verschmachtet hier sitzen; was würden Ihre Frau Mutter, Ihr Herr Vater sagen, wenn sie wüssten, wie es Ihnen geht? »Ach ja!« – ein paar Tränen lösten sich unter den schweren Lidern und rollten nun langsam über die bleichen Bäckchen – »und heute ist Weihnachten!« Herr Themistokles war gerührt; das zarte Gesicht mit den großen, schwimmenden Augen sah so betrübt und kindlich vertrauend jetzt zu ihm auf. »Kommen Sie!« Die Kleine raffte ihren Muff und ihre Hutschachtel zusammen und folgte ihm schüchtern – er winkte ihr freundlich und bald saß sie neben ihm in der Sofaecke und langte erst zaghaft, dann mit Heißhunger zu. Wie ihr das mundete! Sie aß und trank für zwei, allmählich stieg eine sanfte Röte in ihre Wangen, die Augen gewannen wieder Glanz, und nun taute sie auf. Sie erzählte, woher sie komme, von der Hochschule für Musik in Berlin, daß sie zu den Weihnachtsferien nach Hause wareise, daß sie nicht sehr viel Geld hätte – 70 Pfennig waren ihr ganzes Vermögen gewesen, davon hatte 50 das Telegramm verschlungen, in dem sie den Eltern ihr Steckenbleiben im Schnee gemeldet – für den Rest von 20 konnte sie keine Tasse Kaffee, nichts, gar nichts kaufen. Ach, wie köstlich das schmeckte; so gut hatte es ihr im Leben noch nicht geschmeckt!

Herr Themistokles aß fast gar nichts, er guckte immer auf den plaudernden Mädchenmund und auf die weißen Zähnchen, hinter denen die Bissen so rasch verschwanden. Plötzlich aber hielt sie inne, blickte ihn ängstlich an und sagte beklommen: »Aber, das wird so sehr viel kosten – für eine Tasse Kaffee verlangen sie schon 60 Pfennig – können Sie auch...?« Herr Themistokles lachte laut und legte seine große Hand beschwichtigend auf das kleine Händchen: »Seien Sie ruhig, das kann ich schon noch bezahlen.« »O, das ist gut«, machte sie aufatmend, »ja, in solchen Fällen möchte man wohl reich sein, obgleich der Reichtum sonst doch gar nicht glücklich macht, nicht wahr?« »Hm –!« »Ich bin nämlich immer glücklich«, plauderte sie fort, »und bin doch gar nicht reich. Mein Vater ist Major a.D., und wir müssen von seiner Pension leben – es ist oft recht knapp – aber wir sind alle vergnügt, und wenn ich erst eine große Sängerin bin –« Belustigt sah Herr Themistokles über das dürftige, unscheinbare Persönchen hin. »Eine große Sängerin? Haben Sie das so fest vor?« »Ja« – Ein Zug fast männlicher Energie vertiefte sich plötzlich um die festgeschlossenen Lippen und drückte dem kindlichen Gesicht einen seltsam reifen Stempel auf – »ich will und ich muß, Herr Bergen sagt auch...« »Wer ist denn dieser Herr Bergen? Einer Ihrer Lehrer?« »O nein, es ist ein Kollege, ein Freund von mir!« »Aha, das war wohl der junge Mann, der zu Ihnen auf den Wagentritt sprang?« »Haben Sie das gesehen?« Eine tiefe Röte stieg bis in die klare Mädchenstirn, und die Augen senkten sich scheu – Herr Themistokles hatte sich nicht getäuscht; da war bei aller Jugend schon so ein kleines Inklinatiönchen. Er seufzte, er kam sich diesen siebzehn Jahren gegenüber recht alt und würdig vor, und saß er denn nicht hier wie ein Vater bei seinem Kinde? War das ein seltsamer Weihnachtsabend! Das Plaudern verstummte allmählich, ringsum trafen die Leute ihre Veranstaltungen für die Nacht, er packte seine Kleine in die Sofaecke, schob ihr das Kissen in den Rükken und zog ihr seine Pelzdecke über die Knie. Sie wehrte sich erst schwach, dann lächelte sie ihn dankbar an: »Sie sind so gut!«, und dann sank ihr übermüdeter Körper zurück, ihre Augen schlossen sich, bald hoben gleichmäßige Atemzüge ihre Brust. Herr Themistokles konnte nicht schlafen, immer wieder glitt sein Blick über das junge Geschöpf an seiner Seite. Die Kleine schlummerte so sanft, ein wahrer Kinderfriede lag auf dem weißen Gesichtchen, klar und rein zeichnete sich im unsicheren Lampenschimmer die feine Linie des Profils ab – und nun saß der eingefleischte Junggeselle die ganze lange Nacht durch steif und still, um das schlafende Mädchen nicht zu stören, er wagte kaum zu atmen, noch sich zu regen. Er fühlte sich sehr unbequem und doch ganz glücklich.

Der Morgen kam und mit ihm die Erlösungsstunde. Mit lautem Jubel wurde die Nachricht begrüßt, daß in zwei, drei Stunden die Bahn frei sein würde. Gott sei Dank! Die Menschen waren wie toll vor Freude, mit einem Zauberschlag war aller Jammer verschwunden, die ganze selige Weihnachtsstimmung wieder da. So sind wir nun einmal, wir Wandelbarsten unter den Wandelbaren – jetzt Tränen, dann Lachen – eine Stunde Jubel, die andere Trauer – heute rot, morgen tot! – Nur unser Freund war gar nicht so riesig vergnügt, im Grunde war's schon noch zum Aushalten gewesen; aber die Kleine war glückselig. Sie strömte über vor Freude, sie dankte ihrem gütigen Beschützer mit schwimmenden Augen und lachendem Munde: »Ich danke Ihnen tausendmal, ich werde Sie nicht vergessen, und wenn ich eine große Sängerin bin –« »Werden Sie nur erst eine«, lachte Herr Themistokles, »schade, daß ich Sie jetzt nicht singen hören kann!« O, wenn Sie wünschen, ich singe Ihnen gern etwas vor, mein Lieblingslied, ja? Es wurde vorhin ja schon so viel musiziert – und wenn ich Ihnen eine Freude machte? Sagen Sie nur den Leuten, sie möchten ein bisschen still sein, dann fang ich gleich an!« Im Nu war sie auf das Pianino zugeschritten, das noch von dem öden Virtuosenstück zweier Engländerinnen geöffnet stand; prüfend glitten ihre Finger über die klapprigen Tasten – ein paar präludierende Akkorde – nun begann sie: »Nachtigall, o Nachtigall, sangesreiche Nachtigall.«

Was war das? Der Lärm verstummte plötzlich, eine unendlich reine, hohe Stimme schwebte auf Engelsschwingen daher und durchflutete wie freundliches Sonnenlicht jeden Winkel, jedes Herz – alles lauschte, gespannt, atemlos! Herr Themistokles stand neben der Sängerin, ans Pianino gelehnt, den Kopf in die Hand gestützt. »Sangesreiche Nachtigall, wohin jetzt enteilst du, sag', wo weilst du am nächsten Tag?« Wie unbeschreiblich süß klang die weiche Frage, er fühlte, wie es ihn überlief.

Das war nicht mehr das kleine dürftige Mädchen drüben aus der Fensternische, hier am Klavier saß eine andere, eine begnadigte[5], selbst eine Nachtigall in ihrem schlichten grauen Gefieder! Wie Abglanz einer anderen Welt lag es auf ihren Zügen, die sich im warmen Rot der Erregung seltsam verschönten. Die großen Augen, weit aufgeschlagen, schienen mit wunderbar durchdringendem Blick in entlegene Fernen zu schauen, taufrisch und klar wie Kristall quoll der Ton über ihre Lippen, Strophe auf Strophe folgte und als Kehrreim immer das eine süße, halb wehmütige, halb lockende: »Nachtigall, o Nachtigall, Sangesreiche Nachtigall.« Wie ein linder Hauch verzitterten die letzten Klänge – »ah!« – »Alles fertig, jetzt wird Sie der Zug gleich holen kommen!«, ein Schaffner riss die Tür auf und schrie es mit rauer Stimme in den Saal – die Nachtigall verstummte, der Zauber war zu Ende.

Man hastete, man toste, man fasste seine Sachen zusammen, man stürzte auf den Perron, man jubelte dem Zug entgegen und drängte sich in die Coupés. Im Frauencoupé dritter Klasse saß die Kleine, eingeengt und eingeklemmt zwischen ihre ausgestandenen Leiden beschwatzenden Menschen, zwischen Koffern und Paketen; erster Klasse fuhr Herr Themistokles, er war von seinem Schützling getrennt worden, er wusste nicht wie. Langsam schnob der Zug von dannen, noch eine Stunde, man fuhr in Dresden ein. Unzähliges Gewoge auf dem Bahnhof, lautes Begrüßen, Bedauern, Beglückwünschen! Herr Themistokles riss die Wagentür auf, da standen seine Verwandten und empfingen ihn mit lautem Hallo, und dort, fast schon am Ausgang des Perrons, schritt seine kleine Nachtigall am Arm eines gebeugten, bescheiden gekleideten alten Herrn – jetzt wandte sie den Kopf und

5 Es ist fraglich, ob hier nicht ein Druckfehler vorliegt und eigentlich eine »begnadete« gemeint ist.

blickte suchend umher – nun drängten sich Leute dazwischen – nun kam die Ecke – nun war sie verschwunden.

»Sangesreiche Nachtigall, wohin jetzt enteilst du?

Sechs, sieben Jahre mochten verflossen sein, Herr Themistokles hatte schlecht und recht dahingelebt, sich ein schönes Besitztum auf dem Lande gekauft, dort seine Liebhabereien zusammengetragen und den freundlichen Müttern und biederen Vätern ein Schnippchen geschlagen. Nun war es einmal wieder Ausgang Winters und Herr Themistokles reiste zur Aufmunterung nach der Residenz. Ein guter Freund nahm ihn dort in Beschlag und schleppte ihn gleich am ersten Abend in ein Konzert. »Es hilft dir nichts, du musst sie hören – einfach unvergleichlich, göttlich! – Was, du hast noch nichts von der Falconi gehört? Mensch, sag' das nicht so laut, die Leute bleiben sonst stehen! Sie ist ja der erste Stern an unserm Kunsthimmel! – du bist der reine Barbar – man merkt wirklich, daß du aus Hinterpommern kommst.«

Sie gingen also ins Konzert. Das war wie alle Konzerte. Ein weiter, in elektrischem Licht strahlender Saal, lange Reihen von Stühlen, elegante Menschen, Knistern von Seidenkleidern, leises Fächerrauschen, Blättern der Programme, nicht endenwollendes Klatschen – »bravo, bravo, da capo« – eine Flut von perlenden Läufen, tadellosen Kadenzen, unvergleichlichen Trillern ergoss sich über Herrn Themistokles. Das war ein Gaukeln, ein Wiegen auf Klängen, ein Spielen mit goldenen Tönen, wie der Jongleur im Zirkus die leuchtenden Kugeln wirft. Das Programm ging zu Ende; das Publikum geriet außer sich; das war bereits kein Beifall mehr, das war Toben! Man klatschte, man trampelte, man schrie, man drängte sich aus den Reihen, man strömte zum Podium, man riss die Blumen von der Brust und warf sie der Sängerin zu Füßen – der Saal erdröhnte vom begeisterten Zuruf der Menge. Auch Herr Themistokles war hingerissen. Sein

Platz war hinten in einer vollbesetzten Loge gewesen, er hatte die Sängerin nicht sehen können, nun musste er sie sehen; ohne der vor ihm Sitzenden zu achten, beugte er sich weit vor – auf dem Podium stand eine schlanke Dame und verneigte sich dankend nach allen Seiten. Das weiße Atlasgewand hing in schweren Falten um die feine Gestalt, und über dem lilienhaften Kleide erhob sich ein Köpfchen, blumenhaft zart, mit großen, leuchtenden, blauen Augen und einer Fülle schlichten, braunen Haares. Wer war das?! Herr Themistokles fuhr zusammen, dann verließ er stürmisch seinen Platz und drängte in den Saal zum Podium hin – er hatte dieses Gesicht erkannt – diese schmalen Wangen – diesen Mund mit dem festen Zug des Wollens. Das war ja – »St, st – Ruhe!« Sie singt noch! Sie gibt etwas zu – Ruhe doch – st!« Die Sängerin lächelte und flüsterte ein paar Worte mit dem Herrn am Flügel; das war ein hübscher, blonder Mensch mit noch fast knabenhaft weichem, ziemlich unbedeutendem Gesicht und den Allüren eines großen Künstlers. Nun präludierte er, ein paar wehmütig weiche Mollklänge, und sie begann: »Nachtigall, o Nachtigall, sangesreiche Nachtigall!« Kein Atemzug ward hörbar, im ganzen weiten Raum kein Laut, mit geöffnetem Munde, glänzenden Auges lauschten alle dem schlichten russischen Volkslied wie einer köstlichen Offenbarung.

Herr Themistokles stand ganz vorn an der Rampe und starrte gebannt in das zarte Gesicht da oben, von dessen Lippen die Klänge niederfielen, wunderbar rein und süß, verlorene Himmelsklänge, Töne aus jenem Paradies, das nur der Gottbegnadigte für kurze Augenblicke dem armen Sterblichen erschließen darf. – »Wohin jetzt enteilst du, sag' wo weilst du am nächsten Tag?« Herr Themistokles fühlte, wie es ihn überlief; er fühlte die Tränen aus seinen Augen langsam über die Wangen tropfen – er sah nichts mehr, er hörte nichts mehr, nicht das Gewoge im Saal, nicht den Enthusiasmus des Publikums, er sah nur fern, ganz fern im düstern Bahnhofswinkel ein schmales kindliches Figürchen, er erblickte nur ein braunes schlummerndes Köpfchen, er hörte nur einen unbeschreiblichen, lange verlorenen Klang – ohne Besinnen stürmte er hinaus. Dann stand er im Künstlerzimmer und hielt ihre Hand in der seinen, und sie sagte mit dem alten kindlichen Lächeln: »Ich habe Sie gleich erkannt, ich habe Sie nicht vergessen, und sehen Sie, ich bin doch eine große Sängerin geworden – und hier ist mein Bräutigam! Sie zog den blonden jungen Mann, der am Flügel gesessen, an ihre Seite. »Ich glaube damals, als wir in Röderau eingeschneit waren, und Sie sich meiner so annahmen, da habe ich Ihnen schon von jenem Bergen erzählt – ja, ja, es ist eine alte Liebe, nicht wahr, Hans?« Mit einem Blick unendlicher Zärtlichkeit sah sie dem Verlobten in die Augen, und mit wahrhaft strahlendem Ausdruck fuhr sie fort: »Ich freue mich so, daß ich Sie wiedersehe und Ihnen nun gerade mein Lieblingslied vorsingen konnte – wissen Sie, damals sang ich's Ihnen auch? O, ich bin zu glücklich, in acht Tagen heiraten wir, gratulieren Sie mir!« Und er gratulierte ihr.

Kaum war ein Jahr vergangen, ein einziges kurzes Jahr, da wurde in allen Kunstkreisen aufrichtig und innig geklagt, über den Tod der berühmten Sängerin Falconi. Die Blätter brachten warme Nachrufe und Biographien in mehr oder minder überschwänglichen Worten, überall ihre Fotografie im schwarzen Florrahmen mit Lorbeerblättern. – Warten wir noch ein Jährchen, warten wir zwei; neue Sterne am Himmel der Kunst tauchen auf, die hinabgesunkenen werden rasch vergessen. Der Gatte der so früh Verstorbenen hat sich getröstet, er lebt mit seiner Kunst und reist mit einer anderen Gesangsgröße; man sagt, er wird sie heiraten.

Auf dem schattigen Friedhof, weit ab von allem Lärm und Getriebe, ist ein herrliches Denkmal errichtet. Am dunkeln Granitsockel steht ein schlichter Frauenname, darunter Datum und Jahreszahl, darüber erhebt sich aus leuchtend reinem carrarischen Marmor eine zarte, keusche Gestalt, halb Weib, halb Engel. Sie drückt mit der linken einen kleinen Vogel ans Herz und weist mit der Rechten lächelnd nach oben. Auf der Rückseite de Postaments stehen wenige Zeilen: »Nachtigall, o Nachtigall, sangesreiche Nachtigall, wohin jetzt enteilst du, sag', wo weilst du?« – Das ist das Denkmal, das der reiche Herr Themistokles Susemiehl der Sängerin Falconi hat setzen lassen. Im Frühling duftet üppiger Flieder, im Sommer blühen reiche Rosen um die leuchtend weiße Gestalt, und die Sonne gießt ihre goldensten Strahlen darüber. Die Welt rollt weiter in sausendem Schwung, Menschen kommen, Menschen gehen, Schicksale wenden sich. In seinem großen Park mit den dichten Büschen und feuchten Wiesengründen wandelt Herr Themistokles, füttert seine Nachtigallen und lauscht ihrem Sang. Er hegt und pflegt sie, er liebt sie wie seine Kinder, er sieht sie mit Trauern im Herbst scheiden und harrt voll Sehnsucht ihrer Wiederkehr. Sie kommen alle heim ins deutsche Land, in den stillen einsamen Park, wenn die lauen Frühlingswinde wehen und die Primeln knospen. Sie sind alle da und füllen Busch und Hain mit seligem Geschmetter – nur eine Nachtigall, die süßeste von allen, kehrt nicht zurück.

Vier auf der Landstrasse

Es war nicht die gutgehaltene, glatte Staatschaussee, die, von Autos und Lastfuhrwerken aller Art belebt, den Schlangenlinien des Flusses folgend, wie ein helles Band dahinzieht, mit den schwarzen Schienen des Bahnstranges und den schnaubenden Lokomotiven um die Wette läuft; es war eine bescheidene Landstraße. Eine scharfe Luft fuhr über sie hin und zauste an den kleinen Ebereschenstämmchen, die sie markierten; der Regen hatte Löcher in ihr ausgewaschen, die noch nicht wieder gebessert waren. Für Karren der Bauern, etwa für das kleine Auto eines Landarztes, das schlechte Wege gewohnt ist, war sie immer noch gut genug. Und auch für die vier, die hier wanderten.

Einer von ihnen hatte ein Rad, aber er kam deswegen nicht rascher voran als die anderen; er mußte es drücken. Die Straße stieg, stieg beständig, um dann zu fallen und abermals wieder zu steigen. Es ging auf die Höhe. Schon spürte man die viele Luft, die zu dieser Zeit übers Plateau fegt.

»Wir hätten besser dran getan, unten zu bleiben«, sprach der mit dem Rad. Der Schweiß lief ihm übers Gesicht, obgleich es kalt war. Es war ein mühseliger Marsch.

Aber der Kobes aus Köln, der sich hier auskannte, denn er war damals – ein blutjunger Soldat des letzten Aufgebots – aus Frankreich herüber hereinmarschiert, hatte das große Maul: Hier oben hatte es noch fette Dörfer, und Leute, die ihr letztes hergaben. Was war denn weiter dabei, wenn's auch mal ein bißchen stark wehte! Ihnen hatte dazumal noch ganz anderes um die Ohren geweht. Man mußte schon abseits gehen, wenn man noch irgendetwas zu erreichen hoffte. Ein Muttersöhnchen durfte man freilich dabei nicht sein, keiner, der die Nase nur in

Bücher gesteckt hatte! Und dabei zwinkerte er nach dem mit dem Rad hin und lachte aus vollem Halse, sein schallendes Lachen, dem die Not der Zeit noch nichts von seiner Sorglosigkeit genommen zu haben schien. Er schlug dem mit dem Rad so derb auf die Schulter, daß der in den Knien einknickte: »En dreckige Zeit is et, da haste recht in, aber dordurch müssen wir! Voran, meine Jung! Her mit dem Rad, laß mich et ens drücke!«

Aber das wollte der Student nicht. Er biß die Zähne zusammen und beschleunigte seine Schritte: Nur nicht zeigen, wie sauer es einem wurde! Dafür hatte man ja die Bildung, daß man sich beherrschen konnte. Und doch konnte er's nicht hindern, daß ein elend fröstelndes Gefühl ihm durch Leib und Seele schlich.

Wer hatte es ihm denn geheißen, sich den Dreien anzuschließen, als er hungrig und bedrückt am Rheinkai herumstand: Wohin, wohin?! Seine Wirtin hatte ihm eben die Bude zugesperrt; er konnte seine Miete nicht mehr zahlen; sie drohte sogar, sein Rad einzubehalten. Er hatte keinen mehr, den er anpumpen konnte; sie hatten alle ja auch nichts. Wohin?!

Der Kobes aus Köln, der schon lange keine Arbeit mehr hatte, brauchte ihm gar nicht allzu dringend zuzureden: »Mach fort mit uns! Hier is kein Blumentopp mehr zu gewinnen.« In der Tat, zu gewinnen war hier nichts und auch nichts zu verlieren: Und wer weiß, wo in der Fremde ihm ein Glück noch blühte! Er hatte zudem einen schönen Tenor. »Auf'n Tenor sind alle Weiber verrückt«, sagte der Kobes. Also warum denn nicht? Clemens hörte zudem für sein Leben gern ferne Wälder rauschen und fremde Glocken klingen. Es hatte sich ihnen zugesellt auf Gedeih und Verderb.

Der Kobes aus Köln war ein findiger Kopf. Er hatte, da er von ähnlichem in der Zeitung gelesen, sich ein kleines Ensemble zusammengestellt. Sie zogen nun miteinander stromaufwärts; wenn es aufwärts nicht mehr lohnte, würden sie es auf der andern Seite abwärts versuchen. Wo nur ein Hahn krähte und ein Schornstein rauchte, stellten sie sich auf und legten los. Rheinische Stimmen haben Metall. Es hörte sich gar nicht übel an, wenn der Kobes mit seinem Baß die Tiefe hielt und die anderen darüber hinaus sich aufschwangen, und wie die hellen Quinten über dem Orgelton quinkelierten.

Der Josef, der Frisieren gelernt, und das Hermännchen, das auf dem Schneidertisch gesessen hatte, als es beim Meister noch was zu schneidern gab, hatten ganz hübsche Stimmen. Sie hatten sich anfangs darauf gelegt, bei Begräbnissen den Leidtragenden was vorzusingen, aber das brachte immer weniger ein, denn die Leidtragenden trugen ihr Leid jetzt auch ohne das »Wenn Menschen auseinandergehn, so sagen sie auf Wiedersehn!«

Nun sangen die Vier vor den Türen all die Schlager, die herbeigeweht werden, man weiß nicht woher. Sie sind eben da, frech und weniger frech, und immer blöd. Aber die Alten schmunzeln dazu, und die Mädchen kichern und halten die Schürze vors Gesicht. Sie sangen mit pfiffigem Blinzeln, mit Blickewerfen und lachendem Mund. Merkten sie aber, hier weht keine Luft für so etwas, so fingen sie an mit Heimatgesängen, jenen alten Liedern, Volksweisen, die jeder kennt; sangen vom Scheiden und Meiden, von der Mühle im Grund, von der Lore am Tore und von der Krone im tiefen Rhein. Sie sangen, als hätten sie Schmalz in der Kehle, bis der Mond am Himmel zu glänzen anfing und die Leute vor ihre Tür kamen und sich um sie sammelten. Man wurde gut freund. Die Sänger wurden einlogiert in einem leeren Tanzsaal, aber man nahm sie auch bei sich selber auf im eignen Haus. Es schlief sich auch behaglich auf einem Heuboden, oder, wenn's das alles nicht gab, dann am Waldrand, da hatte man gleich das Bad im murmelnden Bach neben dem Bett.

Aber die Zeit war schnell dahingegangen; nicht nur mit dem scheidenden Sommer. Auch andere waren so klug und zogen aus, wanderten hin und her, um einen Verdienst zu suchen, um ein Stück Brot. Die drehten ein Orgelchen, zupften eine Gitarre, kratzten auf der Violine, quetschten die Ziehharmonika auf dem Bauch – überall, überall, in die Kreuz und Quer, von West nach Ost, von Süd nach Nord, solche, die wanderten. Den Knotenstock in der Hand, den mageren Rucksack auf dem Buk-kel. Vor den Wirtshäusern sangen sie, spielten zum Tanz auf, verstanden das Kartenlegen. »Fräulein, kriegen Sie aber 'n reichen Mann! Herzkönig, da liegt er! Dicht neben der schwarzen Dame. Fräulein, Sie sind ja schwarz, also stimmt's. Ich gratuliere!« Und aus der Hand sagten welche wahr und deuteten Träume aus wie einstmals Joseph dem Pharao, nur daß sie nicht, wie der in Ägypten, auf die sieben fetten Kühe sieben magere folgen ließen, sondern umgekehrt: auf die mageren Jahre lauter fette. Wer hätte das nicht gern gehört und seine zehn Pfennig entrichtet? Gefährliche Konkurrenz!

Bis jetzt war es des Clemens' Tenor noch immer gelungen, andere zu übertrumpfen; wenn er den so recht strahlen ließ, daß er dabei schwitzte und die Kehle zum Platzen schwoll, dann waren die vier noch immer Sieger geblieben. Aber als ein behäbiger Wirt, auf den sie sicher rechneten, ihnen eines Tages zurief: »Ach was, wir wollen kein Singerei! Hier sind ihrer welche gewesen, die Bauchreden können«, da sagte der Kobes: »Aus!« und machte ein Gesicht, als hätte er Zahnweh. Ja, wenn einer von ihnen malen könnte, sagte der dicke Wirt, ihn und seine Frau und die Kinder, die ganze Familie, in Öl malen könnte, dann wollte er den wohl beherbergen und ihn acht Tage lang füttern, daß er nicht mehr »Papp!« sagen konnte. Aber da das Malen keiner von ihnen verstand, so mußten sie ohne Einnahme weiter.

Überall schon welche dagewesen; alles abgeklappert, abgegrast. »Lasse mir doch dat Rad schlagen oder uf die Häng laufen!«, sagte grimmig der Kobes, »vielleicht sind solche noch nit dagewesen.« Er lachte, aber die anderen lachten nicht mit, besonders der Clemens nicht. Nun besann er sich auf einmal, daß er Student war und zu Höherem bestimmt, und daß es doch eigentlich furchtbar schwer für ihn war, hier mit diesen Stromern herumzuziehen. Der Kobes sagte zwar ganz empört: »Wir betteln doch nit!« – War es denn etwas anderes als Betteln, wenn sie hier die paar Pfennige einsammelten? Er, er, war er nicht ein Student? Und eine Welle von Hochmut stieg Clemens in die Stirn und machte ihn unglücklich. So unglücklich, daß er nicht mehr über die Späße des Kobes lachen konnte. daß er am liebsten des Josef Hand, die ihn alle Morgen am Grabenrand kalt rasierte, von sich gestoßen hätte und dem kleinen Schneider, der gutmütig zusammenflickte, was an ihm entzwei war, eine hingehauen hätte.

Ach, die waren ja ganz anders, so ganz anders als er! Die verstanden nicht, wie schrecklich es ist, durchs Land zu ziehen gleich Vagabunden – Was waren sie denn anderes? Und mochte der Kobes sagen, was er wollte, gebettelt war's ja doch. Sie bettelten um ein Nachtlager, um ein bißchen Essen, um ein freundliches Gesicht. Das war ihm das Allerhärteste, diese Mienen zu sehen, in denen deutlich die Abwehr zu lesen stand, Abwehr, ja, fast Erschrekken: Ach Gott, schon wieder welche! Solche Burschen mit Knotenstock und Rucksack und Wanderstiefeln! War denn die ganze Welt auf den Beinen?

Eine ungeheure Entmutigung kam über Clemens, bemächtigte sich seiner so, daß er nicht mehr hell singen konnte; der schmetternde Ton knackte ihm ab, wie entzweigebrochen. »Haste en Krümel in der Tröt?«, fragte Kobes. Nein, in der Kehle nicht, eher in der Seele. Wie sollte er das denen erklären? Die empfanden ja gar nicht die Bitterkeit eines Geschickes, das Menschen, junge Menschen, die keine Schuld daran trugen, auf die Landstraße zwingt wie alte Pennbrüder. Wäre es nicht doch besser gewesen, er wäre geblieben, wo er war? Oh, wenn er doch wieder am Rheintal stünde, sich in zuletzt stumpfsinnig werdender Resignation ins Hungern und Frieren schickte! Merkwürdig, daß die anderen drei das Entwürdigende dieses Umherziehens nicht gleich ihm empfanden! Empfanden sie es denn überhaupt? Gott bewahre! Sie scherzten mit den anderen Wanderern, die vorüberzogen, als wären sie kreuzfidel. Sie tauschten Erfahrungen und Adressen von guten Quartieren mit denen aus. Die Landstraße schien vertrauensselig zu machen. Wenigstens anfänglich war das so, als der Frühling noch blühte, der Sommer reiste und der Herbst noch warme Sonne mit goldenem Laub bescherte. Jetzt freilich rannte man scheu und immer scheuer aneinander vorüber. Geschwind, geschwind, wer zuerst an der Mühle ist, mahlt zuerst – Dorf und Städtchen, Bauern- und Bürgerhaus schlossen sonst ihre Türen vor den allzuvielen.

Mit einem Stöhnen drückte der Student sein Rad den Berg hinauf – des Kobes gutmütigen Vorschlag, es ihm für eine Weile abzunehmen, hatte er von sich gewiesen –, nun schob er und schob. Es wurde ihm schwer, denn der Berg wurde steiniger, und der Wind pustete heftig. Aber empfindlicher als dieses war ihm der Schmerz in seiner Seele. Oh, was würde seine Mutter sagen, die so viel von ihm erwartete, sähe sie ihn hier mit diesen Gesellen? Eine Weichheit, die er sonst verspottend ›Sentimentalität‹ genannt hätte, kam ihn an; er versuchte zu pfeifen, aber er pfiff sie nicht fort. Ob er wohl jemals wieder mit ihr in der kleinen Laube sitzen würde, die grün berankt war? Hinter dem Tisch, auf dem die alte gemütliche Kaffeekanne stand, der an der Tülle ein Stück fehlte? Er hatte es abgeschlagen als Knabe; er erinnerte sich genau der Ohrfeige, die sein verstorbener Vater ihm dafür verabfolgte. Und ein selbstgebackener Kuchen stand da auch – ha, wie gut der roch! Er schnupperte in die Luft, bis hierhin roch er den – verdammt noch mal! – selbst wenn er sich liebevoll an Vergangenes erinnerte, wurde er den Gedanken an Kaffee und Kuchen dabei nicht los. Mutter – es stieg ihm was in die Kehle – ach, seine alte Dame war Witwe, die Pension so klein, die konnte ihm nichts mehr schicken. Was sollten ihm auch die paar Mark? Die Zeit, diese ganze verfluchte Zeit, die konnte diese, rührende alte Seele ja doch nicht ändern.

»Halt's Maul!«, fuhr er den Kobes an, der gerade dabei war, eines seiner »Köllsche Krätzcher«, ein recht saftiges Stückelchen, zum besten zu geben. Der Friseur und der Schneider lachten, daß sie sich bogen, schlugen sich auf die Schenkel und torkelten über den Weg. Clemens hätte sie ermorden können in diesem Augenblick. Was waren die doch für knotige, untergeordnete Subjekte, eine Spezies Mensch, der man allzuviel Ehre antat, daß man sie überhaupt Mensch nannte!

Der Clemens hat heut nicht seinen guten Tag, dachten die anderen und blinzten sich zu. Ihn offen zu fragen: Warum so ungut? Das trauten sie sich nicht recht. Sie schliefen mit ihm auf derselben Streu, dicht Mann bei Mann, sie aßen mit ihm aus derselben Schüssel, tranken mit ihm aus demselben Glas, gar nichts hatte er ihnen voraus, selbst sein Anzug war genau so heruntergekommen wie ihre verschabten Kniehosen, ihre von Sonne und Regen ausgebleichten Mäntel, und sie hatten doch eine Scheu vor ihm. Warum? Das wußten sie selber nicht. Es war aber etwas da, was sie trennte. Er war trotz allem ein anderer, einer, mit dem man sich »Du« sagte, und mit dem man doch nicht so reden konnte wie mit seinesgleichen.

Der Wind pfiff, er sauste über das Hochland, als wollte er den sich duckenden Bäumchen die Kronen abreißen. Nun fing es gar an zu regnen, ein kalter Regen, der nasser machte als sonst ein Regen. Der Josef und das Hermännchen murrten: »Ein Sauwetter!« Wahrhaftig, sie wären besser unten im Tal geblieben.

Clemens konnte ein kleines Lächeln der Genugtuung nicht unterdrücken: Nun sahen sie es ja, wie recht er gehabt hatte. Aber der Kobes war wie ein Amboß: Je mehr man auf den schlägt, desto mehr Funken sprühen; er fuhr die Murrenden an: »Himmelkreuzdonnerwetter noch mal – halt eure Schnüß'! Ihr wer't ja gleich sehen, dat ich gut dran getan hab, euch hier herauf zu führen!«

»Ja, auf den Gedanken kommt auch so leicht kein andrer«, sagte Clemens mit einer Verbissenheit. Wahnsinn, die breite Chaussee zu verlassen und hier heraufzurennen, wo Hase und Fuchs sich Gute Nacht sagen! So weit man sehen konnte, kein Dorf, das seinen Kirchturm als Wegweiser ausstreckte. Eine leere Weite, die, jetzt in winterliches Grau gehüllt, einem das Herz so mit Traurigkeit belastete, daß man es vor Schwere kaum schleppen konnte. Er wäre am liebsten umgekehrt, noch war es nicht allzu weit, zwei bis drei Stunden, und man wäre wieder unten im Städtchen. Da hatten sie zwar die letzte Nacht im Spritzenhaus mit den Zähnen geklappert, aber sie hatten doch ein Dach überm Kopf gehabt. O mein Gott, dachte er, wo geraten wir hin? Was wollen wir hier? Hier finden wir ja nichts, nicht Dorf, nicht Stadt, kein Haus, keinen Menschen!

Derweil phantasierte der Kobes von einem Städtchen, so schön wie gemalt, in dem er damals auf dem Heimmarsch das beste Nachtquartier gefunden hatte, das er jemals gehabt. Und ein Mädchen hatte er da kennengelernt, ein Mädchen! Er spitzte die Lippen und schlürfte dann, als schlürfe er einen köstlichen Wein.

»Die is jetzt längst verhutzelt, und griese Haar hat se auch«, sagte der kleine Friseur.

Schwapp, hatte er gleich eine weg. »Du Rotznas', wat du weißt! Dat Mädchen war schön wie en Engel und war gut wie en Engel!« Und nun erging sich der Kobes in einer Beschreibung ihrer Reize und ihrer Güte, daß dem Josef und dem Hermännchen, die erst ungläubig dreingesehen hatten, das Wasser im Munde zusammenlief. Ihre müden Gesichter belebten sich, sie bekamen Farbe und muntere Augen, ihre Schritte wurden geschwinder.

Wie dieser Mensch mit seiner Eroberung prahlte! Dem Studenten kam nicht das Empfinden, daß es eigentlich rührend war, wie dieser verfrorene, verhungerte Mensch sich an einer schönen Erinnerung wärmte. Es war ja auch schon lange her, ein Dutzend Jahre, und Jahre, die doppelt zählen. An den Schläfen wurde der Kobes auch schon ein wenig grau. Und die Nase – Herrgott, die Nase! Hatte man je so eine Knolle gesehen? Wahrhaftig keiner, der geeignet war, schnelle Eroberungen zu machen. Es mußte schon sehr finster gewesen sein, als das Mädchen sich dem zu eigen gab. Und was der Kerl für ein schiefes Maul hatte! Das kam davon, die am unteren Rhein hatten immer die Pfeife in einem Mundwinkel.

Auch jetzt hemmte der Kobes seinen Schritt, zerrte den Josef heran und duckte sich hinter dessen Rücken: Stopfen und Anzünden der Pfeife war ein Kunststück, denn ungestüm pustete der Luftzug Funken und Tabakkrümel in alle vier Winde. Endlich war es geglückt; nun hatte der Kobes seinen Nasenwärmer, nun fühlte er nicht die schneidende Luft, und bald kam auch sicher das erste Dorf.

Der Josef und der Schneider waren ein wenig zurückgeblieben. Der Alte war ja verrückt! Der kleine Schneider jammerte und schauderte; für ihn, den blutjungen, war der Dreißiger schon der Alte. »Hätt ich gewußt, dat der so geck is, ich hätt' nie mitgemacht. Meine Füß' sind so kalt, daß ich sie nit mehr fühl', un mein Hunger, der is so groß! Oh, wenn dat meine Mutter im Himmel wüßt! Ach Herrje, ach Herrje!« Der Kleine war ganz verzagt.

Auch der Friseur, der im Nebenberuf Zähne ausziehen gelernt hatte und vor keiner solchen Gewalttat zurückschauderte, war heute kleinmütig. Er sagte zwar zum Schneiderlein verächtlich: »Bangbüx!«, aber ihm selber rutschte auch das Herz in die Hosen. So leicht sein Sinn war, so wenig Sorge er sich um die Zukunft gemacht hatte – was konnte ihm denn passieren, er war ledig, und die Mädchen, die er poussierte, wußten alle, daß er sie nicht heiraten konnte! –, heute machte er sich doch Sorgen. Der Winter war lang, verflucht lang; wenn das so weiterging mit der Misere, dann sah er wohl kaum ein Frühjahr mehr. Und das wär' doch schade um so ein junges Leben.

Es kam kein Dorf – es kam kein Dorf, so sehr sie sich auch umschauten. Es kam überhaupt nichts, nur das Wasser wurde einem in die Augen getrieben, das war alles.

»Singe mir uns eins!«, sagte der Kobes und ließ die zaudernden Zwei herankommen. Er wußte, beim Singen marschiert es sich besser, drum schlug er das vor. Keiner von ihnen hatte Lust dazu, aber der Kobes hatte so eine Art, sie anzusehen, daß sie es nicht mit ihm verderben wollten. Vielleicht hatte er recht, man kam auf andere Gedanken. So sangen sie denn in die öde Weite hinein:

»Jetzt ist die Zeit und Stunde da, Valadrila!
Wir ziehen nach Amerika, Valadrila!«

Und der blasende Wind kam und riß ihre Stimmen weg in alle Unendlichkeit. Sie hörten sich selber kaum, aber sie marschierten dabei in dem Takt, den sie inwendig fühlten. Nur der Student machte den Mund nicht auf. Mochte der kleine Schneider statt seiner singen! Hatte er überhaupt nicht alle Lust verloren, noch mit den Dreien zu ziehen?! Wenn sie sich ehrlich bemüht hätten, Arbeit zu finden, hätten sie sicher längst welche. Sie waren ja gesunde Burschen und an die Arbeit der Hände gewöhnt. Hätte der Kobes, der starke Kerl, der in seiner Fabrik Eisenstangen geschultert hatte wie Spazierstöcke, sich nicht bei der Ernte verdingen können, als sie längs des Stromes daherzogen? Aber faul hatte er sich am Straßenrand hingestreckt und mit blinzelnden Augen zugesehen, wie andere in Sonne und Schweiß schafften. In den Weinbergen gab's auch genug zu tun für breite Rükken und starke Arme, aber er hatte nur lustig gewinkt im Vorüberwandern und war weitergezogen, den Knotenstock lustig schwingend, wie berauscht von Sommer- und Wanderfreiheit. Clemens vergaß ganz, daß auch er sich hätte anbieten können. Er war ja aber Student und nicht an Arbeit der Hände gewöhnt. Er war zudem nicht breit in der Brust und stark in den Armen, seine Mutter hatte immer Angst um seine Gesundheit gehabt. Ob ihm der eisige Wind hier oben nicht Schaden tun würde? Er hüstelte und knöpfte sein wehendes Lodencape, das einzige wärmende Kleidungsstück, am Halse fester zu. Sowie sie an einen bewohnten Ort kamen – ein Städtchen mußte es natürlich sein –, so würde er dableiben, sich von den drei andern trennen. Da konnte er ja Privatstunden geben, faulen Schlingels, die nicht vorankamen, Latein beibringen. Er würde sich beim Pastor, beim Bürgermeister und dem Rektor vorstellen, die Herren würden sicher froh sein, einen gebildeten Menschen, der sein Abiturium mit ›Ausgezeichnet‹ bestanden hatte und noch nicht so alt war, um alle Schulweisheit vergessen zu haben, am Ort zu wissen. Am Ende gab's da eine Zeitung zu redigieren! Solche Aussichten machten ihm wieder Mut. Noch war er nicht so weit verfaulenzt wie jene drei, daß er so alle Lust zur Betätigung verloren hätte.

Der Gesang war inzwischen jäh zu Ende gegangen. Bei dem Sturm, der jetzt anfing zu heulen, konnte man doch unmöglich singen. Der Friseur und der Schneider hatten alle Disziplin verloren; sie fingen laut an auf den Alten zu schimpfen: der war schuld daran, daß sie herumliefen wie verirrte Schafe. Was war ihm eingefallen, sie so an der Nase zu führen: Wo war das freundliche Städtchen, wo das schöne Mädchen, wo Nachtquartier und wo gute Bewirtung?! »Du bist ja verrückt, oder du bist besoffen!«

»Keines von beiden«, sagte der Kobes ruhig. So leicht war er nicht aus der Fassung zu bringen, daß er sich von drohenden Mienen und fuchtelnden Armen der zwei dummen Jungens einschüchtern ließe. »Wir müssen gleich da sein. Ich kenn' den Weg noch, hier, hier kamen wir damals längs! Kommt nur, kommt!« Aber er war sich klar bewußt: an das freundliche Städtchen und an seinen Engel, das Mädchen, kamen sie sobald noch nicht. Würden sie vielleicht niemals kommen.

»Erstunken und erlogen is et«, sagte grob der Friseur.

Er antwortete nichts darauf: Erstunken und erlogen – was konnte er dagegen sagen? War es am Ende nicht so?

Welle auf Welle schlug das Hochland, sie rannten Wege hinan und rannten Wege hinab – wieder nichts und wieder nichts. Sie schwammen in einem Meer von Einsamkeit. Wie spät es wohl sein mochte? Keiner von ihnen hatte mehr eine Uhr, und die Sonne zeigte ihnen auch die Zeit nicht an, die kam heute nicht hoch. Es regnete nicht mehr, rundum die Fernen tiefviolett, bald würden die aber schwarz werden. Es mußte schon auf Spätnachmittag gehen. daß sie lange, sehr lange gewandert waren, das zeigten ihnen ihre Füße an, die schlorrten müde und taten weh: Und noch weher tat ihnen der Hunger.

»Ich kann nicht mehr«, ächzte der kleine Schneider und hielt sich den Bauch. »Es schneid' mich durch und durch wie mit Messern.«

»Komm, komm!«, tröstete ihn der Kobes und faßte ihn stützend unter den Arm, »wir sind ja gleich da.«

»Wir wollen ihn aufs Rad setzen«, schlug der Student vor; der Jungen war ja ganz grün im Gesicht. Sie heben ihn in den Sattel, und auf jeder Seite ging einer und führte das Rad. Immer langsamer wurde das Vorwärtskommen, auch dem Ausdauerndsten sank der Mut. Noch immer, noch immer nichts, nur Welle auf Welle und viel freier Himmel, mehr als woanders. Und Raben und Falken über geleerten Äckern, die mit krächzendem Schrei auf Mäuse oder Häslein herunterstießen.

Arme Mäuse und Hasen! Sind wir nicht auch solche?, dachte der Student. Ein trauriges Schicksal ist über uns, es vernichtet uns. Er ließ den Kopf hängen; phantastische Hoffnungen, die er gehegt hatte, waren vorbei. Es kam keine Stadt.

»Ich seh' was, ich seh' was!«, schrie auf einmal der Kobes. Er schrie es vor Freude laut. Es war nur ein Heiligenbild, das aus dem Acker ragte; ein blutender Christus hing am Kreuz. Scheußlich! dachte Clemens. Wie kann man Heiliges nur so verzerrt darstellen? Kein Bein saß am rechten Ort und auch kein Arm, und das Antlitz, das auf die Brust hing, war verzerrt und mit dicker roter Farbe verschmiert. Aber schon hatte der kleine Schneider die Hände erhoben: »Jesus Christus, erbarme dich unser!« Er war ein frommer Junge, ein Niemandskind, bei den Nonnen im Waisenhaus aufgezogen.

Aber wo ein Heiliger hängt, sind auch Menschen nicht allzu fern. Schon kroch ein Rauch am Rand der Bodenwelle empor. Hier oben waren die Äcker, jetzt verwaist und winterleer, aber unten, dort unten lag ein Ort!

Es war kein großer Ort und nur ein Dorf, nicht das freundliche Städtchen, von dem Kobes fabuliert hatte. Und auch nicht der Ort mit der höheren Schule, den Clemens sich erwartete. Aber gleichviel; sie waren jetzt froh, bei Häusern zu sein. Sie luden das Schneiderlein ab. Das war aber bald wieder munterer geworden, und als eine mitleidige Bauersfrau ihm einen großen Napf Suppe vorsetzte, war es gleich wieder gesund.

Die Leute waren sehr freundlich: Jesus Maria, so arme Städter! Die mußten nun zu den Bauersleuten kommen, um sich bei denen sattessen zu können! Es hob sie in ihren eigenen Augen, daß sie so reich waren. Sie gaben willig zu essen her.

Es war heute Sonntag. Das hatten die vier gänzlich vergessen gehabt: Darum also war kein Mensch auf den Äckern anzutreffen gewesen? Noch keine Stunde verging, und sie waren alle vier untergebracht. Der Kobes in der Stube vom Lehrer, im Schulhaus; die Stube stand leer, denn der alte Lehrer war vor drei Tagen gestorben und heute vormittag beerdigt worden. Sie waren alle mit zur Leich gewesen, der November hatte sie fast von dem Gottesacker hinuntergeblasen, der über den Häusern des Dorfes hing. Nun waren die Buben und Mädchen ohne Hirten, eine lärmende, rotznasige Kinderschar, die den Müttern das Leben sauer machte.

Der Ortsvorsteher schimpfte heftig auf sie. Was kamen nicht alles für Klagen vor ihn! Da hatten die Unnützen hinter seiner Scheuer ein Feuerchen angemacht, daß die Wand angekohlt wurde; nicht viel gefehlt, und die ganze Scheuer hätte lichterloh zu brennen angefangen, nicht viel gefehlt, und das Dorf wäre abgebrannt. daß sie den Kühen die Schwänze aneinanderbanden, war ein alltäglicher Spaß; daß sie aber der alten Mühlenbäuerin Knallerbsen vor der Tür zertraten, daß es knallte und knallte und das arme Weib, das zwei Sohne im Krieg verloren hatte, meinte, die Franzosen kämen wieder zurück, das war mehr als frech. ›Durchhauen‹ war viel zu wenig. Das hatte der alte Lehrer auch nicht mehr gekonnt. Aber lernen mußte man sie doch etwas lassen, damit sie im Leben vorankommen konnten; dazu gehörte vor allem Lesen und Schreiben. Der Ortsvorsteher, ein ältlicher Mann mit Brille und graugesprenkelter Bartfranse, schielte, nicht ohne Hintergedanken, über die Brille weg nach dem großen und kräftigen Kobes: Der schien gut fürs Durchhauen geeignet zu sein. »Einen neuen Lehrer würde ihnen die Behörde so bald nicht schicken«, sagte er und blinzelte schlau, Niederendorf lag gar zu sehr abseits, es wurde vergessen; es meldete sich auch keiner hierhin. Wenn man nun keinen Lehrer herkriegte, was fing man dann an mit den unnützen Blagen? Zudem müßten die Kinder in all dem Schnee, der sicher bald kam, bis nach Oberendorf laufen, und das war sehr weit.

Er rückte näher zu dem Kobes heran. Also von Köln kam der. Köln war eine große Stadt, die Hauptstadt vom ganzen Rheinland. »Da sind die Leut' wohl alle sehr klug?« Der alte Bauer blickte listig, er glaubte sich geschickt genug, um den da ganz unbemerkt auszufragen.

Aber der Kobes witterte heimlich längst etwas. Ein inwendiges Lachen stieß ihn, er schluckte es herunter und war nun genau so ernsthaft wie der andere auch. Ja, er war aus Köln, hatte da die Schulen absolviert, immer mit Numero eins. War angestellt gewesen daselbst, war nach Jahren erfolgreicher Tätigkeit aber abgebaut worden. Aus welcher Tätigkeit er abgebaut worden war, das überging er; abgebaut ist abgebaut, für jeden dasselbe.

Nur kein Wort davon, daß er sausende Maschinen bedient und glühenden Öfen Kohlen in den Rachen geschüttet hatte. »Wie's jetzt so ist, überall wird der Betrieb ja eingeschränkt.«

»Hm, hm, ho, ho, so is et«, sagte der Bauer. Er kraute sich in der Bartfranse und wechselte mit ein paar Leuten, die zuhörten, Blicke. Deren Blicke bestärkten ihn in seinem Vorhaben, er sah, die dachten das gleiche wie er: warum sollte denn so ein rüstiger, kräftiger Mann hier nicht als Lehrer am Platz sein, solange bis ihnen die Behörde einen anderen schickte? Immer besser als keinen! Gehalt würde man dem nicht zu zahlen brauchen, einem, der so dahergeschneit kam! Der ist froh, wenn er Unterschlupf hat und täglich sein Essen. Langsam, und seiner Meinung nach noch ganz uninteressiert scheinend, fragte der Ortsvorsteher, ob der Herr Meinung habe fürs Landleben?

»I, warum dann nit«, hätte der Kobes am liebsten geschrien, »besser en Laus im Kohl als gar kein Fleisch!« – War er nicht lange genug ohne Verdienst herumgelaufen? Wenn es auch nur ein dreckiges Dorf war, es war warm hier, es gab was zu essen, er hatte eine Stube, ein Bett, was konnte er, der nicht wußte, wohin im langen Winter sein Haupt legen, denn besseres verlangen? Aber er hielt noch an sich, räusperte sich, sagte nur: »Hm.« Blähte mit einem tiefen Atemzug seinen Brustkasten auf und betrachtete stumm seine Hand, die er, breit und mächtig, vor sich auf den Tisch gespreizt hatte.

Ob der nicht wollte? Der Bauer bekam fast einen Schrecken, er hatte nun mal seinen Eigensinn an diese Idee gehängt. Das war ganz die Hand für die frechen Schlingels! Und wenn die Mädchen was abkriegten, war's auch ganz recht. So hieb er denn mit seiner Faust auf die breitgespreizte starke Hand und schrie: »Wenn Ihr en gute Handschrift habt und die Kinder auch beten lernt, dann sag ich: Bleiwt hei!«

So war es denn abgemacht: ein neuer Lehrer war angestellt. Der Kobes hatte ihnen seinen Namen ›Jakob Menkens‹ hingemalt und Geburtsort, Jahr und Datum, hatte sich alle Mühe gegeben, Haar- und Grundstrich recht auseinanderzuhalten und noch ein paar kühne Schnörkel hinzugefügt.

Da sahen sie, daß die Handschrift gut war.

Also nun hatte er in Niederendorf eine Bleibe, aber wo sollten die andern drei hin? Dieser Gedanke war dem Kobes sehr peinlich, denn er konnte die Jungens doch nicht verlassen.

»Laß dich in deinem Glück um Gottes willen nicht stören!«, sagte bitter der Student. »Wir werden dir nicht im Wege sein. Nur diese Nacht noch, morgen gehen wir weiter.«

Über Nacht aber kam ein zweites Glück. Der Kobes hörte, als er mit den ihm nun schnell Befreundeten bei einem Glas Dünnbier im Wirtshaus zusammensaß, daß es hier in Niederendorf sowohl wie in Oberendorf keinen Schneider gab. Überhaupt in dem ganzen Umkreis keinen. Bis nach der Stadt mußte man laufen, zwanzig Kilometer und mehr, wenn man Malheur mit einer Bux hatte. Was die Weiber sich zurechtflickten, das war nichts wert; eine neue konnten sie sowieso nicht machen.

Da war das Hermännchen ganz am Platz. Der war ein Schneider, oh, ein ganz famoser, trotz seiner Jugend. »Sag, du kannst alles«, flüsterte Kobes dem Schneiderlein zu, das ängstlich wisperte: »Ich kann doch kein' Bux machen, zuschneiden hab' ich noch nicht gelernt, ich war doch erst das zweite Jahr in der Lehr'!«

»Papperlapapp, red' nit so dumm! Man muß sich jet zutrauen, dann kann mer auch jet!« Kobes nahm den Kleinen beim Ohr und zerrte ihn mit sich. Er präsentierte denen drinnen den famosen Schneider.

Der stand bescheiden, so bescheiden wie ein Waisenkind eben steht, am Wirtstisch. Der Qualm aller Pfeifen beizte ihm die Augen, sie tränten. In die Frauen, die mit ihren Männern gekommen waren, aus Neugier, um den neuen Lehrer zu sehen, fuhr etwas Mütterliches: So jung noch, das reine Kind! Und so blaß war der junge Mensch! No, wenn der wirklich ein so guter Schneider war, als den der Große ihn anpries, dann wollten sie ihn wahrhaftig füttern, daß er sich auslegte. Ach, was für ein hübsches Gesicht der Junge hatte! Und wie fromm der guckte! Ganz wie der Engel mit den gefalteten Händen, der auf dem Altar bei der Muttergottes mit dem Jesuskind steht. Schon war es beschlossene Sache, daß der blonde Junge hier blieb. Die Weiber wollten es, und wenn er auch kein so guter Schneider gewesen wäre.

Der Abschied war kurz am nächsten Morgen; bis zur Höhe hinauf gingen Kobes und Hermännchen mit. Den Kobes würgte etwas: das war die Scham. Also ließ er die Kameraden im Stich? Er hatte die Nacht nicht geschlafen, obgleich das Bett ihm weich dünkte und nichts ihn gezwickt und gebissen hatte; aber anderes störte ihn. Es ließ ihm keine Ruh: Was wurde aus Josef und dem Studenten? Er kam sich wie fahnenflüchtig vor.

Aber Clemens war viel zu stolz, um sich anmerken zu lassen, wie schlecht ihm zumute war. Recht katzenjämmerlich und verloren. Noch einmal tauchte der Rausch der Sonnenzeit vor ihm auf; mit dem Kobes voran, sorglos und gut geführt, hatte er den Sommer durchwandern können. Unwillkürlich streckte seine Hand sich dankbar nach der des anderen aus, aber gleich war der bittere Gedanke wieder da: Er verläßt dich, nun es böse Zeit ist. Er reichte dem Kobes die Hand nicht, tat, als sähe er gar nicht, wie der die seine hinhielt und sie dann, zögernd und verlegen, in der Hosentasche verschwinden ließ. Er faßte nur an die Mütze: »Guten Morgen, laßt es euch gut gehen!«, nickte dem Schneider zu, sagte zu Josef kurz: »Los, nun komm doch!«, schwang sich auf sein Rad und fuhr davon. Mochte der Josef sehen, wie ihm nachkam!

Mit einem Seufzer sah Kobes dem rasch hinter einer Bodenwelle Verschwindenden nach: Der Clemens war bös', au, der war sehr bös'! Einen Fluch, so gewaltig, daß der kleine Schneider sich erschrocken duckte, ob solcher Gotteslästerlichkeit, stieß er aus. Aber der Fluch des Kobes galt allein sich selber: War er nicht ein hundsgemeiner Kerl? Mit Schritten, denen das Hermännchen kaum folgen konnte, eilte er hinunter, dem Schulhaus und seiner neuen Tätigkeit zu.

Der Herr Lehrer begann diesen Morgen sein Amt erst einmal damit, daß er sämtlichen Jungen, der Reihe nach, die Hosen strammzog. Der Bakel des alten Herrn Lehrers war bald zerbrochen, der taugte nichts. Der neue Herr Lehrer nahm die flache Hand, die bläute ganz anders.

Sinnlos geworden von dem Groll seines Herzens, war Clemens blindlings ins Ungewisse hineingefahren, er hörte nicht den Josef hinter sich dreinrufen, und wie dessen Stimme in der zurückgelassenen Weite endlich erstarb.

So stark wie noch nie zuvor fühlte er die Trostlosigkeit seiner jetzigen Lage, seines ganzen Lebens. Warum ihm, ihm denn alle Brücken zerbrochen, die zu einem gutbürgerlichen Leben, zu einer gesicherten Existenz führen? War er faul, untüchtig, dumm? War es eine Torheit gewesen, zu studieren? Nein, er war dazu voll berechtigt. Aber was nützte jetzt das, was man gelernt hatte? Nichts. Und was man noch an Wissen in sich aufnehmen wollte? Auch nichts. Besser Straßen kehren und Steine klopfen. Aber nicht einmal dazu wurde er zugelassen; ihrer waren es schon übergenug.

Vor seinen umdüsterten Blicken verwirrte sich sein Weg – wie würde er den zu Ende gehen? Gab es denn überhaupt noch einen Weg für ihn? Ein starker Wind blies ihn plötzlich an, er schwankte auf seinem Rad, er kam sich ganz hilflos vor – preisgegeben.

Eine plötzliche Verzweiflung hatte den jungen Mann gepackt. So unglücklich war er noch niemals gewesen, nein, nie. Längst nicht so unglücklich, als er damals am Rheinkai herumgestanden und den Leichtsinn gehabt hatte, sich mit dem Kobes einzulassen. Ach, hätte er das doch niemals getan! Aber was wäre dann gewesen? Auch nichts. Nicht, nichts, überall nichts. Schon manches Mal, wenn die Kameraden schliefen, waren Clemens beängstigende Gedanken gekommen, er hatte sie aber immer wieder abschütteln können; jetzt, so allein in der fremden Weite, nicht mehr. Wie ein Verrückter trat er auf die Pedale, sein Cape umflatterte ihn, sein Haar wehte: Weiter nur, nur weiter, vor sich selber entfliehen, vor den schwarzen Gedanken, die, wie über ihm die Raben, ihn umkrächzten.

Der blindlings Dahinsausende bemerkte den Mann nicht, der wie eine Vogelscheuche hinter einer Ackerwelle auftauchte, mit den Armen fuchtelte und allerlei Zeichen machte. Jetzt schrie der: »Obacht, gebt Obacht!« Galt das ihm? Er wollte anhalten – was war denn los? –

absteigen, aber schon rollte das Rad unter ihm weg. Er kam noch gerade auf die Füße, da sauste das auch schon blitzgeschwind eine jähe Steige hinunter, immer rascher, immer rascher rannte es. Jetzt war es ihm aus den Augen in der Tiefe verschwunden.

»Wollt Ihr den Hals brechen?«, fragt der Nähergekommene. Er zeigte mit dem Finger hinab in eine Schlucht. »Nach Oberendorf is noch nie einer auf'm Rad lebendig erunnergekommen«. Herr Gott, ja, nun sah er's, wie tief und plötzlich es da hinab ging; ein Ort lag unten, aber da unter lag auch nun sein Rad. Er sah ein Dorf, genau so gelegen wie Niederendorf, die Äcker auf der Höhe, die Häuser in der Tiefe; Zwillingen gleich die beiden Dörfer.

Oder sollte er in seiner seelischen Verwirrtheit gar in der Runde herumgefahren und wieder beim gleichen Dorf angelangt sein, das er heute morgen verlassen hatte? Aber der Mann sagte ja »Oberendorf«. Also das war das Dorf, bis zu dem die armen Kinder wandern mußten, wenn sie in Niederendorf keinen Lehrer bekommen hätten? Und nun war auf einmal sein Groll auf den treulosen Kameraden nicht mehr so groß. Er mußte sogar lächeln, wenn er daran dachte, wie der Kobes sich wohl als Lehrer anstellen möchte. Der würde Angst schwitzen!

»Ha, ha!« Er lachte plötzlich so laut heraus, daß der Mann sagte: »Ihr scheint en recht lustigen jungen Menschen.«

Lustig – ja, ja, das bin ich auch!« Und es kam dem Studenten jetzt alles plötzlich sehr scherzhaft vor, so wie ein Ulk, den man macht, wenn man ein wenig über den Durst getrunken hat.

Der Mann verzog auch den Mund, es war aber nur der ferne Schein eines mühseligen Lächelns. »Jo, lacht nur, lacht! Lachen ist gesund. Früher konnte ich auch lachen. Eweil sein ich alt. Mein Frau is tot. Kinder hat man nit mehr, keinen Menschen. En Knecht kriegt man nit mehr, se wollen all nach der Stadt. Wo kommt Ihr dann her? Wat wollt Ihr hier?«

»Arbeit«, sagte Clemens rasch und erschrak fast, als er's gesagt hatte. War er das gewesen, er selber – wozu? Hier gab's doch nur Bauernarbeit, und für ihn war die nicht. Das Beste, er ging gar nicht mit hinab in das Dorf, ging gleich wieder oben zurück bis zu einer Wegscheide, wanderte in entgegengesetzter Richtung, immer weiter und weiter ins Ungewisse hinein, Und doch grauste ihm davor.

»Bleiwt hei«, sagte der Mann und legte die Hand auf seinen Arm. Ich raten et Euch. Et gitt Schnee – wißt Ihr, wat dat hierzuland heißt?« Die kleinen versunkenen Augen sahen trübmahnend und wie warnend vor Unbekanntem ihn an.

Clemens fühlte: Der meinte es gut. Und nun sah er erst, wie alt der Mann war, ein Greis; die Hand, die ihn zurückhielt, war runzlich. »Wenn Sie meinen, es ist ratsamer hierzubleiben, nun, dann bleibe ich. Ich danke Ihnen«, sagte er höflich. »Ist ein Gasthaus hier? Ich kann zwar für ein Nachtquartier nicht bezahlen. Ich habe nichts«, stieß er mit plötzlicher Hintansetzung allen Stolzes heraus.

Um den eingesunkenen Mund zeigte sich wieder der Schimmer des vorigen Lächelns. »Ihr könnt bei mir übernachten. Dem Knecht sein Bett steht noch im Stall.«

Und so kam es, daß Clemens, der Student, beim alten Bauer Hannes übernachtete. Aber nicht im Bett des Knechtes im Stall, er lag drinnen in der Stube. Da stand noch das Bett von der Bäuerin selig. Der Alte hatte die Katze, die sich's darin bequem gemacht hatte, heruntergescheucht. Er war ganz freundlich geworden: Der junge Mensch sah nicht aus wie ein Handwerksbursche, und erst recht nicht wie ein Stromer, obgleich sein Anzug abgerissen genug war. Er hatte auch gleich die Katze gestreichelt, und das gefiel dem alten Mann sehr, er war ein Tiernarr. In seiner

Einsamkeit hatte er sich an die Katze angeschlossen, redete stundenlang mit ihr. Und daß dieser junge Mensch sagte: »Nichts für ungut, Miezchen, daß ich dich vertreibe«, das gewann sein Wohlwollen. Wer Tiere gern hat, ist kein schlechter Mensch. Der Junge hier würde ihn nicht bestehlen. Vielleicht sogar war ihm der vom Himmel geschickt.

Clemens schlief gut. Erst hatte ihn der rasselnde Atem des Greises gestört, der stöhnte auch zuweilen bei jedem Umdrehen: »Jesus Maria!« Aber dann gewöhnte sich Clemens daran und eine große Ruhe kam und hüllte ihn ein in ein Märchengewand, das sanfter und seidiger gewoben war als je eins zuvor. Draußen war die große Stille des Schnees, der unablässig weich und weiß fiel. Der hüllte alles ein und begrub es: Abschied und Groll, Befürchtung und Bitterkeit, Angst und Planlosigkeit, alles weg, alles weg. Alle Gedanken, die an Verzweiflung grenzten, in Nichts zusammengeschrumpft. Nichts war mehr da als die Ruhe unter einem schützenden Dach.

»Jesus Maria«, hatte der Hannes-Bauer in der Nacht geseufzt, immer bei jedesmaligem Erwachen aus dem unerquicklichen Schlaf des Alters, aber »Jesus Maria« hatte der Josef auch am Tage geseufzt, als er den Clemens auf seinem Rad aus dem Gesicht verloren und nun nicht wußte, wohin. War der gradaus gefahren oder links oder rechts? Das war ja abscheulich von dem Clemens, ihn so im Stich zu lassen; dachte der, er könnte so schnell laufen wie ein Rad fährt?! Schon war er ganz außer Atem. Da führte nun links ein Weg in die Felder, und rechts und gradaus auch einer, auf dem Radspuren waren. Auf dem Weg rechts waren sie deutlicher, so schlug er den ein. Als er zwei Stunden und mehr gewandert war, wurden sie undeutlich, zuletzt verloren sie sich. Das waren wohl gar nicht die Spuren von dem Rad des Clemens. Aber er wanderte gleichwohl weiter, was sollte er auch anderes tun? Auf sein Rufen antwortete niemand, nur eine Felskuppe, die plötzlich schwarz und gigantisch auftauchte und auf ihrem Scheitel ein rundes Gemäuer trug, echote hohl sein Geschrei nach. Und Falken und Bussarde kamen von einer schwarzen Wand herab und schrien noch viel mehr als er. Sie schienen hier Herren und Meister und empört zu sein, daß man sie störte.

Aber das Gemäuer da oben war doch von Menschenhand erbaut, vielleicht war's ein Aussichtstempel oder dergleichen? Also mußten doch welche da sein, die dort eine Aussicht genossen. Er kletterte hinaus, von der verkehrten Seite, denn hier führte kein Weg; Dorngestrüpp wucherte, und manches Stück brüchigen Gesteins blieb ihm in der Hand, als er sich daran festhalten wollte. Weit sehe konnte er freilich von oben, aber er sah doch nicht das, was er zu sehen hoffte. Der runde Bau schien auch kein Aussichtstempel, war uraltes Gemäuer, die Überreste eines zerfallenden Turms. Vielleicht hatten hier einst Raubritter drin gehaust! Ihm wurde gruselig zwischen den schweigenden Steinen, schnell rannte er wieder hinab. All die Leichtherzigkeit, die er sich sonst immer bewahrte, die ihm auch nicht vergangen war, als der Kobes sich von ihnen trennte, verging ihm jetzt. Wo war der Clemens? Vom Erdboden verschwunden konnte der doch nicht sein. Freilich, diese ungeheure Runde, die er übersah, war keine flache Runde, ungeahnte Täler taten sich in ihr auf, tiefe Schluchten, die man hinabsteigen muß und an der anderen Seite wieder hinauf. Vielleicht, daß der Clemens in solch geschützter Schlucht ein Dorf gefunden hatte, darinnen er jetzt sicher saß und nicht mehr nach dem Zurückgebliebenen fragte. Eine heftige Wut überkam den Josef, er schimpfte laut in die Stille hinein, die ihm immer unheimlicher wurde. Hatte er darum den Clemens täglich so fein rasiert, daß der sein glattes Herrengesicht hatte behalten können trotz allen Herumstromerns? Es war eine Gemeinheit von dem Studenten. »Aber so sind sie, die Herren; wenn es drauf ankommt, lassen sie unsereinen doch immer im Stich. Wär' ich doch hinter dem Lump nicht dreingerannt! Nun hab' ich den Weg ganz verloren.«

Und er hatte ihn wirklich verloren. Da war kein Weg mehr, nur Felder und rumplige Äcker. Plötzlich hörte er einen Knall und machte einen Satz, als wäre er der Hase, der getroffen war und sich mit einem Purzelbaum überschlug.

Der, welcher geschossen hatte, kam jetzt auf ihn zu; er trug eine Flinte und war sehr erschrocken, ebenso erschrocken wie der Josef es war. Sie sahen sich beide betroffen an. Der Bauer vergaß es ganz, grob zu sein: um ein Haar hätte er dem da die Ladung Schrot in die Beine gejagt! Und wenn der auch nur ein Stromer war, die Sache hätte ihm teuer zu stehn kommen können, der Jagdschein fehlte.

»Wat rennt Ihr auch hier herum? Et gitt Schnee.« Und fügte dann gleich freundlicher hinzu: »Ihr seid irr gegangen, kommt bei mich nach Haus!«, und faßte den andern am Arm und führte ihn so behutsam über den Acker, als hätte er noch immer Angst, der wäre getroffen.

Der Josef war nicht dumm, er erfaßte die Situation und verstand sie zu nützen. Eigentlich schade, daß er nicht ein paar Schrotkörner abgekriegt hatte, das hätte ein schönes Schmerzensgeld abgegeben! Aber es war auch so ganz gut, der Bauer versprach ihm warmen Kaffee und ein Stück Kuchen und auch einen Schnaps. Sie hatten gerade Sankt-Martini-Kirmes gehabt, es war noch was im Hause.

Und sieh, da war ja auch schon das Dorf in Sicht! Der Bauer schraubte seine Flinte auseinander, steckte die eine Hälfte in sein weites linkes Hosenbein und die andere in das rechte. Den Hasen nahm ihm der Josef gefällig ab und verstaute ihn im leeren Bauch seines Rucksacks. So gingen sie ganz vertraut miteinander. Und als sie dann zu Hause angekommen waren bei

Peter Hein, so hieß sein Jagdfreund, glaubte der Josef ziemlich sicher zu sein, hier Nachtquartier zu bekommen, vielleicht auch noch mehr: seinen Teil vom Hasen. Der sollte zum Sonntag einen Braten geben; bis zum nächsten Sonntag war's freilich noch lang, die Woche hatte erst angefangen, aber wer weiß, ob es ihm nicht glückte, sich für so lange festzusetzen. War er doch ein Sonntagskind, von seiner Mutter gerade zwei Minuten vor zwölf noch zur Welt gebracht, und Sonntagskinder fassen immer das Glück noch beim Zipfel. Der Jäger ohne Jagdschein konnte zudem immer in Unsicherheit gehalten werden: Wenn er nun hinginge und dem Ortsgendarm was erzählte?

Peter Hein war, was man hierzulande wohlhabend nennt. Er hatte sogar einen Spiegel in der Stube hängen mit vergoldetem Rahmen, und vor diesem Spiegel stand, als sie eintraten, die Tochter des Hauses, im Unterrock, Holzpantinen an den nackten Füßen. Sie hatte gerade im Stall gemistet und Futter neu aufgesteckt, nun frisierte sie sich nach getaner Arbeit. Starkdrähtiges fuchsiges Haar hing ihr lang den Rücken herunter. Sie stieß einen hellen Schrei aus, ließ den Kamm fallen und entfloh.

»Schönes Haar habe Sie, Fräulein, so fein wie Seide«, sagte der Josef, als das Mädchen wieder zum Vorschein gekommen war. Der Vater hatte mehrmals nach ihr rufen müssen, so schämte sie sich. Er hielt große Stücke auf seine Tochter; eine Mutter war nicht mehr da. »Arbeitsam und tüchtig«, sagte er, »un en hübsch Mädchen, wenn se auch ›Füchschen‹ for sie sagen.«

»Haar wie pures Gold«, lobte der schlaue Bursche. Er verstand, den Mädchen zu schmeicheln, und seine Schmeichelei verfing auch hier. Das sommersprossige Gesicht lächelte ein wenig, helle Wimpern senkten sich verschämt, und ein Rot stieg in die Wangen. Josef schmeichelte weiter: »Ich hab' noch nie so volles Haar gesehn, mächtig dick!«

»Ach, so lästig«, seufzte das Kathrinchen und nestelte verlegen an seinem Flechtennest. »Et kost mich immer en Viertelstund, um dat durchzukämmen. Ich kann mich immer erst abends frisieren, morgens han ich nit die Zeit dazu.« Sie riß unmutig an ihren Zöpfen.

»Warum so mühselig frisieren?«, sagte rasch der Friseur. »Das tut doch nicht nötig. Alle Damen tragen jetzt Bubikopf. Bequem, sage ich Ihnen, und steht so gut! Sie würden noch einmal so hübsch sein, Fräulein. Bildschön bei d e r Farb!«

Bubikopf, ja, davon hatten sie auf dem Land auch schon gehört, aber hier im Dorf trug ihn noch keiner. Kathrinchens Augen erglänzten: wenn sie nun die erste mit 'nem Bubikopf wäre?!

Aber der Vater schlug auf den Tisch: »Untersteh dich! Dat Haar abschneiden wie eine im Zuchthaus? Nee, daraus wird mein Lebtag nix!«

Aber es wurde doch etwas daraus. Nicht gleich am ersten Tag. Aber Josef war ja nun schon zwei Tage hier, und da er sehr gefällig war, erst einmal den Vater verschönte, dem das Haar schnitt und den Bart verstutzte und, was von Stoppeln noch übrigblieb, wegrasierte, so daß der Bauer um zehn Jahre jünger aussah, würde er vielleicht auch noch einen dritten und vierten Tag bleiben. Es gab mehr Bauern im Dorf, die sich gern verschönern ließen; die Versuche der Bäuerinnen an ihren Männern, oder was die selber mit ihren arbeitsharten Fingern zuwege brachten, erzeugten nur klägliche Resultate. Dieser junge Mensch, der verstand es, den Schaum zu schlagen, und er hatte ein richtiges Rasiermesser und auch eine Zange zum Zähneziehen.

Der Josef war froh, daß er sein Handwerkszeug nicht zu Hause gelassen hatte, als er auszog zur großen Wanderung. Wenn er nur erst dem Kathrinchen mit der Schere ins lange Haar dürfte! Hundert geborgene Tage und mehr wären ihm dann sicher, jeden Tag einen Bubikopf.

Der ganze Winter würde darüber hingehen. Er ächzte und warf sich.

Endlich war es soweit. Am Sonntag gab's noch ein Nachkirmes-Vergnügen, fünf Mann spielten auf. Wenn sie dazu doch schon ihren Bubikopf hätte! Denn es war bei dem Kathrinchen fester Entschluß; nicht umsonst hatte der galante Friseur ihren fuchsigen Schopf »Goldkrönchen« genannt.

Abends spät in der Küche, wo das Kathrinchen noch den Trank fürs junge Kalb kochen mußte und die Kartoffeln anquellen für die Schweine zu morgen, trafen sie sich zum heimlichen Werk. Die Tochter lauschte ängstlich: Schnarchte der Vater auch schon? Auch der Josef hatte raschen Atem, nun war ihm doch etwas beklommen zumute. Noch niemals hatte er selbständig einen Bubikopf geschnitten, das hatte immer der erste Gehilfe besorgt oder der Herr Geschäftsinhaber persönlich.

Kathrinchen sagte kein Wort; sie hatte sich's so gewünscht – die dummen Zöpfe! – und nun war es ihr doch ein seltsames Gefühl, als sie die am Boden liegen sah. Das lange Haar ihrer Mädchenjugend, das war nun einmal gewesen! Sie seufzte.

Aber der Herr Friseur, dem es erst heiß und kalt geworden war, und dem auf der Stirn saurer Angstschweiß gestanden, faßte sie jetzt, keck geworden, um, und küßte sie zärtlich in den von kurzgeschorenen Härchen flimmernden Nacken: »Mein Goldkrönchen!«

Bis nach Niederendorf und nach Oberendorf, über weite Schneeflächen der Äcker weg, in Weiß eingebettete ferne Dörfer, war mit derselben Schnelligkeit wie die Nachrichten von Politik und Reich, von Berlin und Genf, die neue Mode geflogen: Bubikopf, Bubikopf! Warum sollte man auf dem Lande noch rückständig bleiben?

Donnerwetter! Das war am End wohl der Josef, der da so hauste, die Mädchenköpfe versäbelte, als schnitte die

Sense das fällige Korn?! Der Kobes lachte sich eins; er freute sich, von dem Josef zu hören – ein fixer Junge! Der hatte sich anscheinend gut untergebracht; er lebte bei einem schwerreichen Bauer, mit dessen Tochter er versprochen sein sollte. Sorge um den brauchte er nicht mehr wirklich zu tragen, dem nicht mehr so nachzuschauen, wie er den zweien einst nachgeschaut hatte, Kümmernis in seinem Herzen. Wie es dem andern, dem Clemens, wohl gehen möchte? Von dem hörte er nichts.

Clemens hatte sich in das Herz des Hannes-Bauern geschlichen, über die Katze weg ging dieser Weg. Die lag am ersten Morgen, als er erwachte, auf seiner Brust und schnurrte behaglich. Er streichelte sie: ein schönes Exemplar! Weiß mit goldenen Flecken; er hatte nie eine gleiche gesehen. Schmeichlerisch stieß ihr Köpfchen ihn unter das Kinn. »Was die denken möchte?« fragte sich Clemens. Ihre großen, goldenen Augen sahen ihn unverwandt an. Bald suchte sie ihn überall; auch sie liebte Menschen, deren Hand noch warm streichelte, nicht so alterskalt.

Der Bauer sagte nichts vom Wiederfortgehen, so sagte der Student auch nichts davon. Seine Träume von Stadt und lateinischem Unterricht, von Stellung bei einer Zeitung, vom Umgang mit gebildeten Menschen kamen ihm hier fast lächerlich vor. Hier unter diesem tiefhängenden Dach, das mit seinem Stroh dem Fensterchen die Augen zuhielt, gab es nichts anderes als das Miauen der Katze, das Muhen der Kuh, das Meckern der Ziege, das Grunzen des Schweines und das Gackeln der Hühner. Alle wollten gefüttert sein, er sah, wie schwer das dem alten Mann fiel; der Schnee war dem zuleibe gekommen, seine Füße waren gichtig geschwollen, er konnte kaum voran mehr. Da griff Clemens zu. Er schämte sich fast: Er, ein Student, solch niedrige Arbeit? Aber er konnte doch aus Anstand nicht anders. Was wäre aus ihm geworden im Schnee, hätte der Alte ihn nicht sozusagen aufgelesen? So besann er sich denn nicht weiter. Es war dies ja auch alles nur Übergang: War Cincinnatus nicht auch hinter dem Pflug geschritten wie er jetzt hinter der Mistkarre? Und doch war's ein großer Mann geworden.

Der Bauer schmunzelte, er ließ sich's gefallen, daß der junge Mann schaffte. Da war er mal billig zu einem Knecht gekommen, seine Guttat machte sich reichlich bezahlt, denn wenn der auch noch nicht alles verstand, er würde es schon mit der Zeit lernen.

Und die ging hin. Schon war der Dezember vorbei, auch das neue Jahr längst vorüber, als der Clemens etwas anderes hörte als nur das Schnarchen des Alten, das Miauen der Katze, das Muhen im Stall, das Meckern und Grunzen und das Gackeln der Hühner. Es war ja alles ein Märchen, in dem Tiere sprechen. Hatte man je solch ein sanftes, zärtliches Miauen gehört wie von dieser Katze? Die glattgeputzte Weiße mit goldgelb geflecktem Samtfell war die Prinzessin, die der alte Zauberer im Lehnstuhl verzaubert hatte in diese Gestalt; sie harrte auf ihren Befreier. Und er hatte auch den Jüngling verzaubert, der eigentlich ein Prinz war, so daß der nun schmutzige Arbeit verrichten mußte und dem Zauberer dienen.

Der Student lachte über sich selber: Wahrhaftig, da fing er ja an zu spinnen. Das kam von der Einsamkeit, von der Abgeschiedenheit dieses Bauerngehöftes, das von den übrigen Dorfhäusern noch ein gut Stück seitab lag. Aber er fühlte sich nicht unglücklich, im Gegenteil, das Spinnen machte ihm Spaß. Wer weiß, ob er nicht noch ein Dichter wurde und das einmal niederschrieb, was vier Gesellen erlebt hatten auf ihrer Wanderung?!

Er hatte sich tief hineingeträumt in diesen Traum, aber sein Herz fing doch an lebhaft zu klopfen, als ihm zu Ohren kam, daß ein Haarkünstler aus Köln auf sämtlichen Dörfern in näherem und weiterem Umkreis umherzog und den Bauernmädchen die Haare stutzte; selbst ältere Register machten die neue Mode mit. War's möglich, der

Josef war der Wundermann, der mit seinen Verschönerungskünsten die Weiber betörte? Wie oft hatte Clemens sich Vorwürfe gemacht, daß er damals davongefahren war auf seinem Rad; Gott sei Dank, daß es dem nun so gut ging! Oftmals war er erschrocken, wenn vom Dorf her der laute Schrei nach irgendeinem Josef an sein Ohr drang; jetzt konnte er ruhig sein.

Nun aber war der richtige Josef auch hierher gekommen. Auch in Oberendorf war heißer Begehr, auch hier im Kuhstall regierte der Bubikopf. Auf der Dorfstraße trafen die beiden sich. Der Friseur sah sich gerade um: Wo war das Haus, in dem ein neuer seltsamer Knecht zugezogen war, von dem man ihm gleich erzählt hatte? Dieser Knecht, der ein Gesicht hatte, fein und schmal, ein Gesicht wie ein Herr. Er stieß einen lauten Schrei aus, als er den Studenten erkannte, der in den hohen Miststiefeln seines Bauern und in dessen altem Wollwams durch den jetzt zu Morast gewordenen Schnee stapfte: »Clemens, bist du's?«

Sie fielen sich beinahe um den Hals. War das ein Wiedersehen! Sie lachten beide aus vollem Herzen. Von Groll keine Spur mehr in Josefs Seele. Wozu ein Vorwurf? Im Gegenteil: daß ihn der Student damals dahinten gelassen hatte, das war ja gerade sein Glück gewesen. Und Clemens war froh und befreit, jegliche Last war ihm nun von der Seele gefallen: Der Josef stand ja so lustig und wohlgenährt da, weit wohlgenährter als er selber es war, denn seine Arbeit, streng und ungewohnt, nahm ihm gleich wieder alles weg, was Brei und Speck seines Brotherrn bei ihm etwa angesetzt hätten.

Die Mädchen, die, des Haarkünstlers harrend, spähend unter den Türen standen, hatten lange zu warten. Die beiden konnten nicht fertig werden.

»Und der Kobes, und das Männchen?«, fragte Clemens noch rasch.

»Ich komm' jetzt nach Niederendorf!«

»Dann grüße sie schön!«

Und sie verabredeten, daß sie sich alle vier treffen wollten; es war ihnen plötzlich beiden danach. Am nächsten Sonntag schon, wenn's Mittag läutete, oben auf dem Turm der schwarzen Lei! Sie hatten es bis zum alten Turm ungefähr alle gleich weit. Wer zuerst oben war, der ließ einen Wimpel wehen.

»Es liegt ja kein Schnee mehr. Ich glaube, wir bekommen bald Frühling«, sagte der Student.

Und als wolle die Kreatur sein Wort wahrmachen, ließ sich ein Geschwirr über ihren Häuptern vernehmen – Vögel, Vögel wie eine graue Wolke mit Geschrei und Geflatter. Es waren die Stare noch nicht, die den Frühling versichern, es waren nur Wildgänse, aber sie wollten Einkehr halten in aufgetauten Gewässern.

Frühling! Sie erhofften ihn und erhofften ihn doch wiederum nicht. Es war ihnen allen vier diesen Winter gut gegangen. Freilich, Angstschweiß hatten sie öfters einmal vergießen müssen, besonders das Hermännchen, der kleine Schneider. Ein Waisenkind, ein Waisenkind! Die Weiber hätschelten ihn mütterlich auf ihre Weise, und die bestand darin, daß die Lies, bei der er heute Mittagstisch hatte, ihn noch mehr stopfte als es gestern die Trina getan. Dafür sollte er aber auch jetzt der Lies eine neue Hose für ihren Mann aufs Osterfest schneidern. Sie hatte den Stoff schon lange liegen, er war ihr immer noch zu schade gewesen.

»Jesses, Jesses, wie schneid man dann 'ne Bux zu?«, jammert das Hermännchen. Er hatte sich zum Kobes geflüchtet und klammerte sich an den in seiner Angst. »Ich hab keine Ahnung, o je, o je!«

Er hatte wirklich keine. Bis dahin war er noch immer gnädig bewahrt geblieben, er hatte nur Löcher zu stopfen gebraucht und Flicken einzusetzen, da kam's nicht drauf an. Aber nun diese Aufgabe! Sie überwältigte ihn, er brach in Tränen aus.

»Jüngesken, Jüngesken!« Der Kobes kratzte sich den Schädel: »Au weih, au weih!« Er war auch besorgt. Wie sollten sie zwei nur eine Hose zustande bringen?! daß er sich daran beteiligen müßte, das war ihm klar. Denn wenn sie das Männchen fortjagten mit Schimpf und Schande, dann folgte auch er hinterher. So riß er sich denn zusammen. »Heul nit wie en Lohgerber, dem die Felle weggeschwommen sind!«, fuhr er das weinende Schneiderlein an. »Et hat noch immer, immer gut gegangen, et wird auch diesmal gut gehen. Sieh zu, dat du'n Bux von der Lies ihrem Mann herbringen kannst, die legen wir dann auf den neuen Stoff und schneiden danach. En Kleinigkeit, nur Mut hört dazu!« Und den hatte er ja.

So beschien denn im Klassenzimmer der Schule eine einsame Lampe geheimes Tun. Da hing die große Tafel, auf der Kobes mit kühner Hand seinen Schülern das ABC vormalte oder das einmal zwei ist zwei, zweimal zwei ist vier – viel weiter war man noch nicht gekommen –, und starrte wie ein böses schwarzes Auge das zitternde Schneiderchen an. Auf dem Katheder, über diesen gebreitet, lag das von der Lies so sorglich gehütete schwarze Tuch. Der Kobes maß ab an der alten Hose, die darauflag: Länge und Breite, das rechte Bein und das linke Bein. Er malte Zeichen mit Kreide, und dann schnitt er kühn drauflos.

»Jesus Maria!«, fuhr es mit tiefem Seufzer aus dem Männchen heraus, es faltete seine Hände. Wenn das nur gut ging!

Rechtes Bein, linkes Bein – hier kam das Gesäß hin, da mußte sie weiter sein – und hier der Bauch. Der Lies ihr Mann aber hatte keinen. »Dann also eng vornherum«, sagte der Kobes. Triumphierend blickte er vom Zuschneiden auf: »Siehste nu? Großartig, was? En richtige Sonntagsbux! Nu können wir ruhig schlafengehn. Morgen gibste dich dann flink am Zusammennähn – rechtes Bein, linkes Bein, hinten weit, vorne eng – schwuppdiwupp, die Bux is fertig. Und die Lies wird staunen!«

Aber das Staunen der Lies war doch nicht eines, das freudig war. Sie hatte sich die Hose anders gedacht. »Macht nix«, tröstete der Kobes das Männchen, das bekümmert dastand – die Lies hatte ihn »Pfuscher« geschimpft und »Du kannst ja nix. Kein Meister is vom Himmel gefallen. Du wirst doch noch emal en ganz großer Schneider!« Ihm selber war's auch nicht behaglich zumute, wenn er den Kopf auch hochreckte und die Brust herausdrückte. Dumm das Malheur mit der Bux! Das war ja schlimmer, als wenn ihm beim Unterricht was passierte; da konnte er sich immer herausreden: »Dummkopf, merkste denn nit, daß ich nur Spaß mach'? Sag du's da mal richtig. Ich sag' es euch nicht. Jungens, ihr seid ja dumm wie die Hottentotten, euch wird die hier was vorsagen!« Und er drohte ihnen mit seiner mächtigen Hand. Dann duckten sie sich erschrokken. Aber sie hatten ihn doch ganz gern, den Herrn Lehrer, denn der machte viel Spaß, und wenn sie draußen spielten, spielte er oft mit ihnen, hob auch einen, der nicht so schnell mitkonnte, auf seine Schulter und rannte mit ihm wie ein durchgehendes Roß.

Seit kurzem aber war der Lehrer verstimmt, er glaubte Mißtrauen zu fühlen. Sollten sie merken, daß das Männchen nur ein stümpernder Lehrling war, und er erst recht kein gelernter Lehrer? Ach was, die merkten noch nichts! Aber, hm, besser wär's doch, wenn es Frühling wär!

Frühling, Frühling! Er kam zögernd hier oben. Unten an Rhein und Mosel blühte schon der Schlehdorn in den Weinbergen, und am Uferrand grünte das neue Gras. Aber einzelne Schneeflocken wie verwehte Blüten trieben noch übers Hochland dahin und deckten Frühlingsglauben und Frühlingshoffnung immer wieder zu. Aber doch regte es sich heimlich in Äckern und Dörfern; der

Bauer fing auf dem Feld mit der Arbeit an; in Kirche und Haus sprach man von Ostern.

Bei Peter Hein rührte die Tochter den Osterteig an. »Wat für'n Kuchen ißt du am liebsten?«, fragte sie ihren Josef. Aber der saß mißmutig und blinzelte scheu; wenn das Kathrinchen auch noch so freundlich war, sein Gesicht erhellte sich nicht. Gerade, daß sie so freundlich war, das machte ihm bang: Sie würde um Himmels willen doch nicht alles Ernstes ans Heiraten denken?! Nein, heiraten und hierbleiben, das wollte er nicht, und wenn es ihm noch so gut ginge. Er hatte sein Ideal: ein eigenes Geschäft! Und wäre das auch noch so klein. Ein Lädchen zu Köln, da, in der engen Straße, wo das meiste Gedränge ist. Da ein paar schöne Wachsköpfe im Fenster, mit Wellenscheitel oder Windstoßfrisur, lächelnde Puppen, und er lächelnd dahinter: Damenfriseur! Der Frühling regte ihn mächtig an, es wurde so unruhevoll in ihm. Oft stand er in der Haustür und sah und sah hinaus in die Ferne; aber er mußte heimlich dastehen, denn wenn das Kathrinchen ihn sah, kam es und legte den Arm um ihn. Sehnsüchtig sah er den Vögeln nach, die in langen Strichen unterm Himmel dahinzogen: Zugvögel, die kamen jetzt alle zurück. Sie flogen hinab, da blühten schon Bäume. Und am Strom rasselten Eisenbahnen, es schnaubten Dampfschiffe, es fuhren die Autos, es eilten die Menschen, da war das Leben, das liebe Leben. Und er nicht dabei?!

Als sie sich getroffen hatten oben im Turm auf der Lei, da hatten sie es sich fest versprochen, wenn einer aufbrach, brachen sie alle mit auf. Nun war es wohl an der Zeit, zum Abmarsch zu blasen.

Sie marschierten. Trapp. Trapp, linkes Bein, rechtes Bein, im gleichen Schritt wie Soldaten, wenn die Regimentsmusik lustige Märsche spielt. Sie machten sich selber Musik. Der Kobes pfiff, zwei andere sangen, nur der Clemens war still. Der Abschied vom Hannes-Bauern war ihm doch nahe gegangen, der Alte hatte ihn ungern gehen sehen; und ihm selber war's auch nicht ganz leicht geworden, eine Tür hinter sich zuzumachen, die ihn abgeschlossen gehalten hatte von aller Unbill der Welt. Wer hier auf einsamer Höhe beim Pflügen die muntere Lerche trillern hört, wen einzig die Stimmen seiner Tiere rufen, ihn daran mahnen, daß sie jetzt Hunger haben, ist der nicht viel besser daran als der, der da unten in der Welt Tausende und Abertausende rufen hört: »Ich habe Hunger?!« Aber gleichviel, er mußte die Stimmen hören, wollte sie auch jetzt wieder hören, seinen Part übernehmen in dem Kampf um ein Dasein, das schwer drückt, viel schwerer als die Fron bei dem Alten. Hier oben war er nur unter einem leichten Joch gegangen, unten würde das härter sein. Studieren? Wovon und Wozu? Lehrer, Mediziner, Jurist, bei der Post, bei der Eisenbahn? Alles besetzt, überfüllt, keine Aussicht vorhanden. Gab es denn überhaupt noch Berufe, die ihn hineinlassen würden? Und wenn nicht studieren, was sollte er dann tun? Er fragte sich das vergebens, eine lange schlaflose Nacht hindurch, die letzte vorm Abmarsch. Mit hohlen Augen, eine Falte auf der Stirn war er vor den Alten getreten: »Leben Sie wohl, ich danke Ihnen, Herr Hannes, Sie waren immer sehr gut zu mir. Und auf Wiedersehen!«

»Nee« – der Greis schüttelte den Kopf – »wir sehn uns nit wieder. Ich mag nu nit mehr, ich leg' mich schlafen. Die in der Stadt han et doch leichter, Bauernleben is allzu schwer.«

Also auch der nannte sein Leben allzu schwer? Ja, der war aber auch alt! Dem jungen Manne dünkte der Hannes uralt: sechzig Jahre, eine Last Jahre auf dem Buckel, die sich kaum tragen läßt. Aber er selber war ja erst zwanzig, zwanzig Jahre! Alles Leben ist schwer, ob Städter-, ob Bauernleben, aber zwanzig Jahre – ob zwanzig junge, gesunde Jahre es nicht leichter machen?!

Clemens hatte sich gebückt und die Katze gestreichelt, die sich an seinem Bein rieb: »Leb wohl, schöne Prinzessin! Das Märchen hat nun ein Ende!« Der verzauberte Prinz war entzaubert, nun war er wieder der arme Student.

Trapp, trapp, wie sie zutraten! Als eilte es ihnen sehr. Die Sonne war eben erst aufgegangen, noch war ihr Schein nicht warm, aber er war bereits golden und machte ringsum alles, alles zu Gold.

Veilchenblau leuchtete die Ferne, von purpurnen Sonnenpfeilen durchschossen und wie mit Rosen umkränzt. daß sie damals, als sie hier wanderten, nicht gesehen hatten, wie schön es hier war! Ja, damals waren sie auch müde gewesen, jetzt aber waren sie ausgeruht. War das eine Aussicht!

Und sie lachten und sangen. Selbst der kleine Schneider war ausgelassen. Mochte die Lies schimpfen, soviel sie wollte: »Pfuscher!« und »Du kannst ja nix!«, er würde schon einmal wiederkommen und dann konnte er was, und dann schenkte er ihr eine neue, hundertmal teurere und schönere Hose.

Alle hatten sie heute Hoffnung auf ihre Zukunft. Der Sonnenschein machte das und das frische Wehen des ersten Frühlings; das weitete ihnen die Brust; und das Wandern machte es, das ungebundene Wandern in Gemeinsamkeit und ohne Zwang. Sie fürchteten nicht Durst und Hunger, die brauchten sie auch nicht zu fürchten, Kathrinchen hatte ihrem Josef sehr viel eingepackt. »Kommste auch wieder?«, hatte sie weinend gefragt. »Gewiß!«, hatte er gesagt, gedacht aber »Vielleicht!« Und ein großes Fragezeichen dahinter gesehen.

Ein Fragezeichen stand auch vor des Clemens innerem Auge, aber er wischte es jetzt weg, löschte es entschlossen aus. Ihm war so warm geworden, warm und leicht: Er war ja jung und gesund! Jugend ist ein Glück, Gesundheit ist Glück, und von zwei so großen Glücken läßt sich schon zehren. Und er war wie der Josef ein Sonntagskind; ein drittes Glück würde auch noch kommen.

»Man darf nit weiter denken als heut«, sagte der Kobes. Dann schlug er sich auf seine breite Brust und dehnte die Arme weit: »Heut is heut, morgen is morgen, und heut bin ich kreuzfidel!« Er lachte und schlang dann seinen Arm dem Studenten um die Schultern: »Dat hättste auch nit gedacht, meine Jung, dat du wieder am gleichen Strang mit uns ziehen würdst. Als wir hierhin kamen, da saßt du noch sehr auf'm hohen Pferd.«

»Das hab' ich beim Bauer unten im Stall stehen lassen«, sagte der Student. »Mein Rad liegt auch unten, verbogen, zerbrochen. Ich geh' jetzt zu Fuß.« Er lachte und sie lachten mit ihm. Er faßte den Kobes bei der Hand: »Komm, jetzt aber los!«

Da war ein Hang, steil führte der abwärts, aber er kürzte mächtig den Weg. Den rannten sie nun hinunter und sprangen schnell; sie bremsten nicht, sie hatten sich alle vier angefaßt, stützten und hielten sich, so kam keiner ins Rutschen. Jubelnd sprangen sie wie übermütige Knaben, ihre Haare flatterten, ihre Gesichter glühten, in ihren Umhängen verfing sich der Wind und blähte die auf wie Segel.

Schiffe mit kühner Fahrt, so segelten sie ins Leben.

Das Vögelchen

Am Rand von Wiesenmatten stand das Heiligenhäuschen auf Eifelhöh'. Wenn es hinübersah zum Dorf, so sah es das halbverdeckt vom hohen Gras, drin viele nikkende Blumen zwischen Baumwipfeln auftauchen: spitzes Kirchtürmchen, zehn oder zwölf Hausdächer, daneben das altersgedunkelte Stroh der Scheunen mit Moos und Hauswurz bewachsen. Die Mutter Gottes im blauen Gewand, ein goldenes Krönchen auf dem Haupt, stand meist allein mit ihrem Jesuskind, das klein wie ein Püppchen, auf ihrer ausgestreckten Hand saß. Es kam selten jemand hierher. Im Winter war alles eingeschneit, und jetzt hatten Männer und Weiber zuviel zu schaffen, der Heumonat nahte, man dengelte Sensen und schliff die Sicheln; im flimmernden Sonnenglanz stieg ein starkes, reifes Duften nach Klee, nach Salbei und Thymian, nach all dem Weiß, Gelb, Rot und Blau ums Heiligenhäuschen. Still war's, nur Bienen summten, sie hingen wie braune Tropfen in den weit offenen Blüten des Birnbaums, der sich breit und tiefgeästet übers Heiligenhäuschen beugte. Es war heiß hier auf der offenen Höh', wo alle Sonnenblicke voll treffen, heißer als weiter unten im Wald.

Aus dessen Deckung war jetzt einer aufgetaucht, ein breitschulteriger, großer Kerl, aber sein Rücken war schon ein wenig vornübergebeugt, und er schnaufte hart so bergan. Mit mühseligen Schritten stiefelte er drauflos, obgleich er keine Stiefel anhatte, nur Erinnerungen an solche: alte Schlorren mit allerlei Lappen geflickt, die ausgefransten Hosenbeine, soweit es ging, darüber hinuntergezogen und mit Bindfaden festgeschnürt. Ein buntgewürfeltes Taschentuch war zum Bündel geknotet, darin alles, was er besaß. Den alten Hut, von Sonne und Regen arg mitgenommen, zog er sich tief in die Augen, die Sonne blendete, und er war müde. Die Nacht im Wald war noch kalt gewesen, so heiß es am Tage auch schon war; in der vorigen Nacht im Chausseegraben hatte er auch gefroren, und nicht recht schlafen können, alle Stunden war er aufgewacht, hatte er sich mal aufrappeln müssen, hin und her traben, die Füße wurden so kalt. Und kein Brot, keinen Schnaps. Man hatte ihn überall abgewiesen, es kamen jetzt allzuviele, die bettelten.

Er wischte sich mit der Hand den Mund und beroch die dann; er roch keinen Schnaps. Und der hätte ihm doch so notgetan in den kalten Nächten. Er gähnte und blinzelte und setzte sich schneller in Trab. Hierherum sollte das Dorf sein – ob es ein reiches Dorf war oder ein barmherziges? Schon machte er seine jämmerliche, demütige bittende Miene. Aber in seinen verquollenen, von Staub und Hitze entzündeten Augen funkelte es listig: Wenn es ein Dorf war, in dem es was zu holen gab, dann würde er sich schon was holen! Er machte eine Bewegung, als lange er zu und steckte seine Hand dann in die Tasche. Freiwillig geben würden sie ihm ja doch nichts, selbst wenn sie auch was hätten; vom leichten Geben war jetzt keiner mehr, wie der Städter nicht, so auch nicht der Bauer.

Er spitzte die Ohren, stand still und pustete sich aus. Der Marsch hier herauf war ihm sauer geworden, die Knochen schon morsch. Und lange, lange Wanderungen, Tage und Wochen, Wochen und Monate – und Jahre, Jahre, nur unterbrochen von Pausen, in denen er hinter Mauern gesessen hatte, nicht immer nur wegen Landstreichens. Immer auf der Straße, ein Tippelbruder, ein Stromer, ein Vagabund. Aber früher war es schöner gewesen, da war man ein junger Vagabund, aber jetzt war man älter, und da machte es keinen Spaß mehr.

Er seufzte, er hörte die Mittagsglocke, vom spitzen Kirchtürmchen bimmelte die bis zu ihm her, er schnupperte in der Luft: roch man was, Kartoffeln, Kaffee oder gar Speck? Nichts, nichts, nur Blumen, die allein roch man. Verfluchtes Grünzeug! Das beste, er wartete, bis Mittag vorbei war, bis sie alle wieder draußen im Feld waren, nur die Kinder allein zu Hause. Kinder sind Engelchen, er würde wenigstens »Engelchen« zu ihnen sagen. Und was wissen die Engelchen, ob ein Pfund Butter weniger in dem Korb ist, den sie hinuntertragen sollen zum Verkauf, oder von den Eiern so viele fehlen, wie er an sich unterbringen konnte! Ein Stück Speck kann man auch überm Herd vom Rauchfang herunterlangen, wenn man bittet: »Armer, müder Wandersmann, geh, Kind, hol mir was Wasser vom Brunnen!« Vielleicht sind die Kinder auch nicht daheim, keiner hört, wenn plötzlich vor der Scheuer ein Huhn aufgackelt oder ein Hahn erschrocken schreit – den Hals umgedreht, schnell unters Wams gesteckt. Holt der Fuchs nicht das Federvieh? Zerreißt es im Susch, daß die Fender stieben? Messer heraus! Des Vagabunden Hand tastete in die Tasche: richtig, da war es, der zuverlässigste Freund, nicht nur, wenn der rot wurde von Hühnerblut. Den Bauch aufgeschlitzt, die Eingeweide heraus, der Bach gibt das Wasser, ei, wie lecker das schmeckt, wenn man sich's kocht in einem Topf, den man auch hat mitgehen heißen!

Er hatte schmatzend den Geschmack schon auf der Zunge. Sein leerer Magen, vor Hunger so groß wie ein Abgrund, dessen gähnende Tiefe niemand ermißt, knurrte. Aber vorher hieß es abwarten, noch war es nicht die rechte Zeit. Er trat in das Heiligenhäuschen, drinnen war es kühler. Eine wundersame Dämmerung webte im engen Raum, es war, als schwebe etwas von Weihrauch darin. Kein Fenster, nur von der Türöffnung her, die keine Tür hatte, Sonnenlicht, aber mild gemacht durch das viele Grün draußen und die wehenden Schatten des Birnbaums.

Verschnaufend sah der Vagabund sich um und rieb an seinen Augen; der viele Glanz, vor dem man sich nicht verkriechen konnte, hatte ihnen weh getan. Ah, hier war's gut! Hier sah er nur wie durch eine Luke fern im violetten Blau schwimmende Bergkuppen, zwischen ihnen tief eingeschnittene, samtne Waldschluchten. Immer auf und ab, immer auf und ab. Und durch alle war er gewandert: eine verdammt bucklige Gegend hier! Er brummte. Es hatte ihm schon leid getan, jeden Tag aufs neue leid, daß er sich hier herauf verzogen hatte. Viel war nicht los, nur ein Gutes dabei, man begegnete nicht alle naselang einem Landjäger, der einen anschnauzte: »Papiere!« Es war ziemlich sicher hier oben. Beruhigt sah er sich um: Hier die Nacht zu schlafen, wäre gar nicht übel, endlich mal ein Dach überm Kopf! Eine Bank war nicht da, nur ein kleines Betbänkchen, darauf konnte man leider nicht sitzen, nur darauf knien. So setzte er sich denn platt auf den Boden, lehnte den Rücken ans Betbänkchen und streckte die müden Füße lang von sich.

Da war die Mutter Gottes, halb so groß wie eine wirkliche Frau. Vor ihr auf dem Spitzendeckchen des Altars zwei Väschen mit Papierrosen und zwei Leuchter, die waren aber aus Zinn, nicht aus Silber. Und ihre Kerzen waren ausgebrannt, es hingen an jedem Leuchter nur noch die niedergetropften Tränen. Es war auch noch ein Weihwasserkesselchen da. Und nah beim Altar stand der Opferstock auf langem Bein und in bequemer Reichhöhe das hölzerne Schränkchen, durch dessen Spalt oben jeder Christ hineinsteckt, was seine Pflicht ist zu geben für die Erhaltung des Heiligtums. Der Vagabund sah genauer hin: ein ganz solides Schränkchen. Ob viel darin war? Vielleicht nicht viel, aber doch immerhin etwas; für ihre Kirche haben die dummen Bauern ja immer noch war übrige. Vielleicht war aber auch viel drin? Das Dorf schien wohlhabend, die Wiesen standen sehr üppig, Äkker gab's auch. Und wer Acker hat und Wiese, ein Haus und eine Scheune und eine Kuh, der – horch, da muhten ja Kühe! Er zuckte förmlich zusammen, und eine heiße Welle stieg ihm ins Stoppelgesicht. Krähten nicht auch

Hähne? Eine Menge Viehzeug da: Kühe, Schweine, Hühner, Enten, Gänse. Oho, die konnten schon etwas in den Opferstock stecken, die waren alle reich!

Er rutschte näher zum Opferstock hin, stand auf, war jetzt dicht davor. Seine Hand betastete die Tür im Schränkchen. Natürlich verschlossen. Man darf ja einen Opferstock auch nicht offenstehen lassen. Es kommt alle paar Wochen der Pastor, besonders nach den Festtagen, wenn die Kerzen hier auf dem Altar gebrannt haben, kommt mit einem Schlüssel und einem Beutel, schließt auf und tut alles, was drin ist, in seinen Beutel. Kupferpfennige, viele, aber zwischen den Kupferpfennigen auch Groschen, sogar eine Mark. Eine ganze Mark!

Des Armseligen Phantasie hatte sich entzündet, seine verlangenden Blicke hatten das Innere des Opferstocks durchwühlt und seinem Hunger in Aussicht gestellt, satt zu werden. Mit zitternder Hast fühlte sein Finger am Rand des Türchens entlang: Wenn man's nur aufkriegte! Gewalt? Nicht gern. Lieber vorsichtig aufmachen, daß man's dann wieder zudrücken konnte. Einen krummen Draht ins Schlüsselloch stecken? Er hatte keinen. Nun denn heraus mit dir! Er zog sein Messer aus der Tasche und versuchte die Spitze desselben unter den Türrand zu schieben. Da rappelte drinnen etwas, raschelte, rutschte. Erschrocken fuhr er zurück: Was war das?! Drinnen im Opferstock bewegte sich ja was! Pah, was konnte es sein?! Aha, die Pfennige, die rührten sich, die Pfennige, all die vielen Pfennige, sie rutschten untereinander, sie rappelten, sie klapperten – und die Groschen, all die Groschen und die Markstücke! Seine Gier wurde groß und größer.

»In drei Teufels Namen, auf, verfluchter Kasten! Aufgehen mußt du!« Rücksichtslos trieb er die Spitze des Messers tiefer unter den Rand – knick, knack, die Spitze war abgebrochen. Das Türchen sprang jetzt auf, aber ihm entgegen schwirrte etwas, fuhr ihm so ins Gesicht, daß er zurückprallte – nicht Pfennige, nicht Groschen, nicht Mark – ein Vogel!

»Himmelkreuzdonnerwetter!« Der Vagabund fluchte wild auf. Nichts war drinnen, gar nichts als in einer Ecke ein Nestchen mit drei buntgesprenkelten winzigen Eiern. Er schlug hastig das Türchen wieder zu, es hatte ihn plötzlich was angepackt. War es Enttäuschung, Erschrekken? Mehr als das. Es lief ihm etwas über den Rücken: War es ein Schauder?

Ein Vögelchen nur! Er fragte sich nicht: Wie ist der Vogel da reingekommen? Er sah auch nicht, daß in der Rückwand des Opferstocks ein Löchelchen sich befand; wie in den Nistkasten die Meise, war das Vögelchen hier hineingeschlüpft; im leeren Kasten des Opferstocks läßt sich's ungestört nisten, nicht einmal ein Hosenknopf fiel durch den Spalt oben.

Der jählings Überraschte war so heftig zurückgefahren, daß er wieder am Boden saß. Es war ihm ganz seltsam zumute, noch nie war er so erschrocken gewesen. Aber es war noch etwas andres als nur Schreck, so leicht erschrickt einer von der Landstraße ja nicht.

Der Vogel hatte seinen Flug zur Mutter Gottes genommen, da daß er nun auf dem goldenen Krönchen, ein kleines, ein ganz kleines Vögelchen – war es eine Meise, ein Zaunkönig, ein Rotschwänzchen? Wer weiß, was es war! Es hatte klare, glänzend-schwarze Äugelchen, mit denen sah es ihn an – musterte es ihn nicht, äugelte scharf? Jetzt lupfte es die Flügelchen, plusterte sich auf, wetzte das Schnäbelchen am Rand der goldenen Krone – oh, und nun legte es los, im hohlen Raum widerhallte es. Klang zehnmal so stark. Es hatte gar keine Scheu, es sang, schmetterte überlaut.

Galt das ihm? Wollte es ihn ausschimpfen? Es klang ganz so. Wahrhaftig, das freche Biest schimpfte ihn aus! »Sch, Sch – hältste den Schnabel!« Der Mann sah sich um: Kein Stein da, den er hätte schmeißen können. Aber das hätte er ja doch nicht getan, es sich gar nicht getraut. Das Vögelchen schimpfte, und wie es schimpfte! Wenn man geschimpft wird Schnapssöffer, Strolch, Landstreicher, dann macht man sich am besten davon, das wußte er aus Erfahrung. Das Vögelchen hier, das Vögelchen schimpfte ja noch ganz anders! Da schlich sich der Vagabund denn auch davon.

Er hatte im Dorf kein Glück und auch kein Glück, als er mit demütigem Blinzeln um die auf dem Feld Arbeitenden herumschlich. Er war so hungrig, daß er sogar gearbeitet hätte, den ganzen Tag für ein Stück Brot mit einem Bissen Speck, aber sie boten ihm gar keine Arbeit an. Von Butter und Eiern war keine Rede gewesen und auch von anderm nicht, nur einen Napf kalter Kartoffeln und eine Kussel Milch reichten ihm, als die Abendschlote schon nicht mehr rauchten, zu guter Letzt noch eine mitleidige Seele heraus. Als es dunkelte, schlich er sich wieder ins Heiligenhäuschen zurück; die Lockung, wieder einmal unter einem schützenden Dach zu nächtigen, war zu groß.

Drinnen war es schon finster, von der Mutter Gottes nichts mehr zu sehen und kein Altar und kein Opferstock. Er stand lauschend und streckte den Kopf vor: hörte er's nicht flattern, mit schlagenden Flügeln sich aufs goldene Krönchen setzen? Nein, kein Laut. Den Vogel, den er aufgeschreckt, der war davongeflogen, der war nicht mehr da. Da ließ er sich nieder, streckte sich lang und legte seinen Kopf auf die niedere Stufe des Betbänkchens, als sei die ein Kissen. Kaum lag er, so schnarchte er auch schon, er war ja so müde.

Draußen hub der Nachtwind ein Rauschen an, strich durch den Birnbaum, als wolle er den kämmen, so daß die ganze weiße Pracht letzter Blüten abfiel und wie Schnee aufs Heiligenhäuschen sank. Auch die hohen Gräser und langgestielten Blumen suchte sein Wehen, wiegte sie sacht, flüsterte zärtlich mit ihnen, bis sie, eingelullt, schliefen. Dann legte auch er sich zur Ruh. Ein verfrühtes Johanniswürmchen leuchtete noch suchend umher nach Freund oder Freundin, als es niemand fand, löschte es auch sein Laternchen. Der kleine Funke verschwand. Sehr schön und sehr klar wurde jetzt die Nacht. Träumende Fernen, durch nichts mehr verschleiert, rundum. Sterne, hier seltsam groß, leuchteten stark. Die Nacht, obgleich alle Winde Friede gemacht hatten mit ihr, sehr kühl auf einsamer Eifelhöh'.

Der Schläfer im Heiligenhäuschen lag hart auf dem Boden, so hart glaubte er noch nirgendwo gelegen zu haben, denn – oh, oh! – der Vogel war wieder da! Ein kleines, ein ganz winziges Vögelchen, er hätte nie geglaubt, daß das einem großen Menschen so zusetzen könnte. Es schimpfte ihn an, ganz laut und so deutlich, er verstand jedes Wort.

»Oh, du lausiger Strolch, du Landstreicher, war das nicht eine Gemeinheit von dir, den Opferstock aufzubrechen? Daß nichts drin war, das ist keine Entschuldigung – du wolltest doch stehlen – Kupferpfennige, Groschen, Silber, den letzten Hosenknopf – stehlen, was nicht den Menschen gehört, was der Kirche, was hier der Heiligen gehört – Pfui, du alter Sünder, schämst du dich nicht?! Was würde deine Mutter wohl dazu sagen, die dich, als du noch ein ganz kleiner Junge warst, in die Kirche führte? Hat sie dich nicht heißen, was in den Opferstock stecken? Sie hob dich hoch dazu, daß du hineinreichen konntest. Eine arme Witfrau, abgedarbt die Pfennige – oh, du bist ja ein Schuft, ein hundsgemeiner Dieb, keinen gemeinern gibt's auf der Welt! Mal ein Huhn, mal einen Hahn, Eier, Brot, Speck, wenn der Hunger so beißt, das läßt sich verzeihen, und andres auch noch – was brauchen Leute auch so reich zu sein und andre so arm –, aber hier stehlen, hier?! Das ist große Sünde, Todsünde, wart, wart, die Strafe kommt! Wenn du einst anklopfst an der seligen Ruh: »›Rein, rein, laßt mich rein‹, dann darfst du nicht rein!«

Der gequälte Schläfer ächzte; er war sich angstvoll, sein Schädel dröhnte auf dem harten Kissen. Oh, wie weh das tat! Ein so kleines, ein so winziges Vögelchen nur, aber es pickte mit seinem Schnäbelchen, als ob es an eine harte Brotkruste pickte – pick, pick, immerzu pick, pick – au, au, o weh, o weh! – pick, pick.

Der Vagabund hatte einen Gefährten gefunden, keinen weggejagten Hund, auch kein verlaufenes Stück Vieh, einen, der pfeifend hinter ihm herkam und ihn auf die Schulter schlug, als er langsam auf staubender Straße von der Höhe herunter wieder zu Tal schlorrte. Der trug wie er einen von Wind und Wetter verfärbten Hut, und hatte wie er keine ganzen Stiefel. Aber er war jünger, noch nicht so müde, seine Füße traten kräftig zu trotz der zerrissenen Sohlen, und er rauchte Zigaretten und war sehr helle. Er wäre aus Berlin. Und er wandre, um Arbeit zu suchen. »Die wirst du wohl nicht finden«, sagte der Vagabund.

Sie zogen nun schon ein paar Tage miteinander. Wenn der eine rechts auf Suche ging, ging der andre links; so klapperten sie die Gegend ab, aber sie trafen am bestimmten Punkt immer wieder zusammen. Und dann war es merkwürdig, der Junge brachte immer viel mit, der Alte nur wenig. Aber sie teilten miteinander.

Heute mußte der Alte lange warten, bis der Gefährte sich einfand. Er lag an der Ecke des hohen Kondelwaldes, wo der aufhört, lag oben wie auf einem Auslug und blickte hinab ins Alfbachtal, das im sanften Abendlicht wie paradiesisch verklärt vor ihm lag. Üppige Wiesen; fruchtbare Felder, schon Weinrebenhügel, und da, wo das Tal am geschützesten ist, eine schöne Abtei. Eine große Kirche beim Kloster, ein breiter, bequemer Weg führte drauf zu; eine so stattliche Kirche hatte er lange nicht gesehen. Man merkte es, hier kam man in reichere Gegend.

Der andre kam endlich, heiß und rot und sehr vergnügt: »Schöne Gegend hier, was?« Er rieb sich die Hände. Und dann packte er den Alten beim Ärmel und zog ihn ganz vorn an den Rand eines vorspringenden Felsstücks, so vorn, daß sie die große Kirche fast unter sich hatten, und flüsterte: »Siehste da? Da is 'n Blumentopp zu gewinnen – reiche Kirche Morgen is Prozession da. Sie stellen schon die Altargeräte raus – lauter Gold und Silber. Viele Leute kommen mit Fahnen und Gesang und opfern: Fromme Gaben zur Erhaltung für die Kirche – und für uns!« Er lachte hell auf, so hell, daß ihm der Alte erschrocken die Hand auf den Mund legte.

»A was, Männeken, nur keene Bange, die sind ja hier zu Land viel zu dumm! Machste mit? Morjen is da unten für uns was zu holen.«

Der Alte sah den Jungen starr an, dessen Augen funkelten. Aber die seinen blickten scheu, er schlug sie zu Boden. Fast ängstlich murmelte er: »Nä, nä, da mach ich nit mit. Nä, in der Kirch nit!«

»In der Kirche nicht? Warum denn nicht? Ein Haus wie alle Häuser. Sag mal« – er tippte dem andern auf die Stirn – »bei dir piept's wohl?«

Der Alte schüttelte immerfort den Kopf: »Nä, in der Kirch nit, nä, nä!«

»Na, denn nich. Willste nicht Schmiere stehn, dann laß es. Mach was du willst, geh meinetwegen zum Teufel, krepier! Dann dreh ich das Ding allein.« Und sich kurz abkehrend und fortgehend, schrie er noch einmal zurück mit einem zornigen Lachen: »Du hast ja 'nen Vogel!«

»Nä, nur en Vögelche«, flüsterte der Vagabund vor sich hinnickend, »en ganz klein, winzig Vögelche. Aber es pickt.«

Die Erfüllung

Wenn Alois Huber schlief, träumte er immer, und meistens immer dasselbe. Das machte, er war ganz und gar mit dem Einen beschäftigt, so ausschließlich davon erfüllt, daß sich die Gedanken seiner Tage auch in die seiner Nächte schlichen. Nicht inbrünstiger, nicht sehnsüchtiger, nicht heißer begehrend kann der Liebende seine Wünsche um die Geliebte ranken, als er es tat. Alois Huber würde demnächst sein neunundfünfzigstes Jahr zurückgelegt haben, er marschierte auf die Sechzig los; ungeachtet dieser schon langen und ermüdenden Reise, die seinen Geist über alle Höhen führte, derweilen sein Körper wie angeschmiedet auf dem Drehstuhl vorm Kontorpult saß, war er genau noch so erpicht auf das Ziel, das endliche Ziel aller Wünsche, wie ein ganz Junger. Er liebte. Kein Weib, kein Wesen aus Fleisch und Blut, er glaubte sich auch nicht zu erinnern, jemals mit einem Mädchen etwas gehabt zu haben, was nach Liebe schmeckte. Er hatte nur den einen Wunsch, das eine Begehren, die eine, alles andre beiseiteschiebende Leidenschaft: die Berge. Ob das daher rührte, weil er als Knabe, ehe er in die Stadt auf die höhere Schule kam, daheim des Vaters Ziegen gehütet, sie am steilen Abhang getrieben hatte, einem Abhang, der einer Wand ähnelte und glatt war durch die Nadeln von Schwarzwaldtannen und unsicher durch das Steingeröll, das hinter ungeschickten Tritten dreinprasselte?

Ihm war es Gewohnheit, auf nackten Sohlen da zu klettern, in großen Sprüngen neben den Geißen einherzusetzen, ohne auf gangbaren Weg zu achten, mit lautem, sorglosem Jauchzen in die freie Weite hinauszuschreien. Vor sich, ganz, ganz weit vor sich, sah er dann etwas aufsteigen, blau und duftig – waren das Berge? Waren es Wolken? »Das sind die Schweizer Berge«, sagte sein

Vater, der Dorfschullehrer. Schweizer Berge, Schweizer Berge, die mußten arg hoch sein. Hei, wie schön, so hoch zu kommen, einmal da oben zu stehen! Und sein Blick suchte immer nach ihnen. Aber man sah sie nur selten. Sie waren doch zu fern; allzu fern.

Und sie waren Alois Huber ferngeblieben sein Leben lang. Er hatte nie das Geld zu so weiter Reise gehabt. Einmal hatte er's schon erspart, allen Hindernissen zum Trotz – er hatte doch der verwitweten Mutter jahrelang beispringen müssen, jüngere Geschwister erziehen helfen – aber da war die Inflation gekommen und hin war's. Doch er fing wieder an zu sparen, und da er jetzt für keinen mehr nötig hatte zu sorgen und zäh war, so zäh, daß er im Winter ohne warmen Paletot[6] lief, nur in einem Regencape, und doch keinen Schnupfen kriegte, sich auch sonst nichts Besonderes leistete, als daß er dem Alpenverein, der vier große Wanderungen pro Monat machte, seinen Beitrag zahlte, so war er jetzt wieder bald so weit.

Die Wandergenossen staunten: was der Huber so aushalten konnte im Rennen! Wenn sie schon mächtig Schweiß wischten und Lust hatten aufs Ausruhen und auf einen Schoppen, merkte man ihm noch keinerlei Anstrengung an. Kein nasser Tropfen stand auf seiner Stirn, nicht einmal rot war er, trocken blieb das blasse Braun seines ausgemergelten Gesichtes, gleich blieb sich auch der bedächtige, trotz aller scheinbaren Langsamkeit räumige Schritt. Für ihr Pusten und Nach-Rast-Verlangen hatte er nur einen schiefen Seitenblick; er sagte nichts, hielt aber auch nicht an, trottete immer ruhig weiter. Ei, liebenswürdig war der Huber gerade nicht! Er sprach immer wenig, selbst beim Wein nicht; aber er trank ja gar keinen Wein, nur Mineralwasser. Wein trinken taugt dem Bergsteiger nicht.

---

6 Paletot = dreiviertellanger Mantel.

Aha, der trainierte! Der hatte sich wohl höhere Ziele gesteckt, als sie hierzulande zu erreichen waren – Tirol? Schweiz?

Bei »Tirol« schüttelte Alois Huber verneinend den Kopf, aber bei »Schweiz« nickte er rasch hintereinander mehrmals, und in seinem schlecht rasierten, graustoppeligen Gesicht zuckte es vor verhaltener Seligkeit. Ja, in die Schweiz wollte er! In die Alpen, zu jenen Bergen, die seine Kinderaugen einst wie Märchenwunder hatten auftauchen sehen aus umnebelter Ferne, Berge, unglaublich hoch, den Himmel tragend. Die Viertausender, die waren es, nach denen es Alois Huber verlangte.

»Werde Sie's denn auch schaffe, so hoch 'nauf«, sagte sein Pultnachbar, der Wiedermayer. »Ich tät mir's nit zumute. In unsre Jahr« – er wiegte zweifelnd den Kopf –, »da muß man halt fein langsam tue, 's isch arg anstrengend, so hoch z' steige«.

Wußte der Wiedermayer denn nicht, daß es den, der sein Lebtag unten hat blieben müssen, in der allgemeinen Menge verkrochen, klein und unbedeutend, ein Wurm, daß es den am stärksten verlangt, einmal ganz oben zu stehen, einmal ein Einziger, ein Hoher zu sein, einer, der auf alles herabblickt, ein Mächtiger, wenn auch nur für Augenblicke? Nein, davon verstand der Wiedermayer nichts, der würde ihn für verrückt halten, darum sagte er dem auch lieber gar nichts mehr.

Und Alois Huber kniff den Mund zusammen und schwieg, obgleich es ihn fast zersprengte, daß er sich keinem mitteilen konnte, nicht von dem sprechen durfte, was ihn so erregte, daß er jetzt, anstatt Zahlen zu schreiben, mit der Feder unablässig aufs Löschblatt kritzelte, Zacken, Spitzen, Zinken hinmalte, ganz schroff, ganz abenteuerlich. Und oben auf allen stand er. Er! Er! Es machte ihn ganz verwirrt.

Sonnenstrahlen huschten um ihn, tanzten vor ihm her auf dem Weg – jetzt liefen sie über Matten – jetzt über steiniges Geröll – steiler gings hinan, steiler und immer steiler – jetzt kam man über Schnee – ha, strahlende Helle! Glänzendes Weiß! Ein Gletscher, ein Schneefeld, unendlich und blendend, blendend!

Der Mann auf dem Kontorstuhl fuhr nach der Brille und rückte an ihr, er blinzelte, jäh erwachend, und blickte ganz dumm auf das leere Weiß des Geschäftsbuches. Da sollte er nun Eintragungen machen, hier auf diese Seite; wahrhaftig, er mußte sich zusammennehmen, um sich nicht zu verschreiben, sich auch nicht zu verrechnen, sonst gab's Verdruß.

Und der Geist des Alltags und der langen Gewöhnung siegte noch einmal und schlug den Geist in die Flucht, der sich des Sehnsüchtigen bemächtigt hatte. Aber er hatte nur so lange gesiegt, wie Alois Huber auf dem Drehstuhl vor seinem Pult im Kontor saß; zu Hause riß Huber eine Lodenjoppe aus dem Schrank, so wie sie die Leute in den Bergen tragen, zog kurze Kniehosen an, umwickelte seine hageren Beine mit undurchlässigen Gamaschen und fuhr in ein Paar ungeheure, mit mächtigen Greifzähnen benagelte tapsende Schuhe. Das hatte er sich jetzt alles gekauft. Nun den Filzhut noch über die Ohren gezogen, das Seil, den Rucksack auf den Buckel und den Pickel in die Hand – so, nun konnte es losgehen!

Ist das nicht eine ganz verteufelte Wand? Kaum Griffe für die Hände. Man hängt nur mehr an den Fingerspitzen. Aber die kleben, wie angepicht, die lassen nicht los, man kann sich dreist ihnen anvertrauen. Und der Körper schiebt sich katzengleich an die nackte Wand, zieht den Kopf ein, wenn ein Stein niedersaust, drückt sich in jede Gesteinsfalte, nutzt die kleinste vorspringende Unebenheit aus. Höher geht es so, immer höher – gut so, brav gemacht!

Die Wand ist bezwungen, die schwerste der Klippen. Verharschter Schnee, Eis, oh, das ist weit weniger schlimm, dafür hat man ja seinen Pickel! Stufe um Stufe, langsam, aber sicher. Stunde um Stunde.

Man gleitet nicht aus, wenn man vorsichtig tritt, Schneebrücken brechen nicht ein, sie tragen, wenn man nicht feist ist, jetzt im Schwung eine Spalte genommen, und nun wieder auf Felsen. Da, ein Überhang. Man wirft das Seil aus, die Schlinge fängt sich an einer Zacke des Felsblocks – das Seil ist neu, sehr stark, man zieht sich sicher daran herauf. Und nun ein Kamin. Man zwängt sich durch, man ist ja so dünn, klemmt sich mit den Schultern höher und höher. Wo der weit ist, stemmt man sich der Breite nach in ihm hinauf, die eine Kaminseite scheuert zwar den Buckel, aber an der jenseitigen rutschen, krallen die Füße sich höher und höher. Von unten her eisiger Zugwind, Hände und Füße erstarren, selbst das Herz wird zu Eis, aber der Wille ist lebendig geblieben, der ist noch nicht erfroren – ein heißer Wille. So, Stückchen um Stückchen, Stunde um Stunde. Endlich, endlich ist man durch den eisigen verdunkelten Schacht, man atmet wieder freiere Luft, man fühlt, daß Sonne am Himmel steht. In kalter Nacht brach man auf, nun wärmt der Mittag. Solche Sonne hat man noch nie verspürt – oh, glorreiche Sonne, anbetungswürdige Sonne! Der auf dem Gipfel steht, sinkt in die Knie, hebt seine Hände empor, klopft an den Himmel an …

Es klopfte hart an die Tür: »Herr Huber!« Die Zimmerwirtin steckte den Kopf herein. »Herr Huber, die Leute unte habe heraufgeschickt, Sie täte so poltere, sie bitte um Ruh. Was mache Sie denn bloß, um des Himmels Wille?!«

Vier Wochen – drei Wochen – vierzehn Tage – nun waren es nur noch acht. Herr Huber lief schon in Kniehosen, in Wickelgamaschen und genagelten Schuhen. Am liebsten hätte er sich auch so ins Bett gelegt. Vielleicht, daß es ihm dann bei der Nacht kam, welchen Viertausender er zuerst in Angriff nehmen sollte. Es wurde bald Zeit, daß er sich entschloß. Jungfrau? Im Berner Oberland gab's viele der mächtigen Riesen, und auch anderswo, überall in der Schweiz die herrlichsten Berge, aber wer so wie er die Wahl hatte, hatte auch die Qual. Ging er dahin, dorthin? Sie lockten alle. Vierzehn Tage hatte er bloß, wie nutzte er die nun am besten aus? Den Baedeker brauchte er nicht mehr aus der Rocktasche zu ziehen, den wußte er auswendig; Alpenliteratur hatte er auch genug gewälzt, und deutlich sah er die Karten vor sich mit den eingezeichneten Besteigungsrichtungen und den Sternchen der Schutzhütten. Auch die Namen der Führer kannte er. Ach, die Führer, die waren so eine Sache! Ohne einen ging es doch nicht, und die Kerle waren teuer; die würden bald ein großes Loch in seine Reisekasse reißen! Zum soundso vielten Male zählte Huber sein Geld. Wenn er sich selber auch noch so billig unterbrachte, mit dem kleinsten Zimmer im obersten Stockwerk zufrieden war, seine Strümpfe und das Wollhemd sich selber im Waschbecken auswusch oder in einem Gebirgsbach, der Tag kam doch hoch, besonders, wenn man auf einer Hütte festsaß und den Führer beköstigen mußte. Aber es mußte nun einmal sein, und wenn er, der noch niemals in Schulden geraten war, Schulden darum machen müßte.

Wie einer, der alles auf eine Karte setzt, so war Alois Huber. Er lebte überhaupt schon gar nicht mehr hier, er war bereits ganz dort, dort, wo in nebelnder Ferne Berge aufstiegen, unerhört kühn und gewaltig. Wie ganz entrückt, so lief er seines Wegs in die Stadt, die Leute lächelten hinter ihm drein: Bergstiefel hier auf dem Trottoir? Er schmierte diese Stiefel täglich mit Schmer ein, daß sie recht geschmeidig wurden; die andern im Kontor beklagten sich über den scheußlichen Gestank, er aber tat, als hörte er nicht. Er hörte auch wirklich nicht; er sah auch nicht die spöttischen Mienen. Er sah nurmehr einzig das, was er gestern zufällig gesehen hatte, entdeckt, als er Schokolade kaufte für seine Reise: ein Reklamebild an der Wand des Ladens: »Chocolat Alpina, die beste Schokolade, für den Bergsteiger unentbehrlich!«

Ein Berg ragte da auf, nein, kein Berg, eine Pyramide mit glatten Wänden, kaum Platz daran für Schnee; ein zugespitztes Dreieck, in seltsamem Rot gehalten, glühend in aufgehender Sonne, schreiend wie frisches Blut. In der Mitte durchschnitten von finster lagerndem Wolkenstreifen, dann aber nach unten wieder frei, sich spiegelnd in einem schwarzblauen See. Zur Rechten, zur Linken Schnee, lauter Gletscher; aber in einsamer Größe überragend sie alle, ein Rätsel, eine Sphinx, unheimlich schön, lockend und drohend zugleich.

Da mußte er hin, dort hinauf mußte er, das war sein Berg! Nun wußte Alois Huber endlich, wohin er wollte. Zum Berg aller Berge, auf den er gewartet hatte, sein Leben lang.

Er rannte jeden Tag nach dem kleinen Laden, kaufte noch eine Tafel Schokolade und noch eine, und starrte das Bild an der Wand an. »Schön«, sagte das Fräulein im Laden, »nicht wahr? Es zieht einen merkwürdig an. Aber man fürchtet sich auch. Da möcht ich wohl einmal hin in meinem Leben!«

»Ich fahre morgen hin«, sagte Alois Huber, und fühlte sein altes Herz jugendlich klopfen. Er war sinnlos verliebt …

Wie er seine Ungeduld bezähmte auf der Reise, das wußte er nicht. Er wußte auch nicht, daß er den Unwillen der Mitreisenden erregte. Als sei er ganz allein im Abteil, so stand er die vielen, vielen Stunden unbeweglich am Fenster, versperrte so allen andern die Aussicht. Einer hatte ihn höflich darauf aufmerksam gemacht, daß man doch auch einmal etwas sehen möchte. Da war er herumgefahren und hatte den angestarrt, so wie aus tiefen Träumen kommend, noch gänzlich verständnislos und seltsam verwirrt. »Komischer alter Kauz!« Man ließ ihn stehen …

Und nun war er da, war da, wohin es ihn gezogen hatte mit aller Gewalt, mit unwiderstehlicher Kraft. Da war er nun, der Berg aller Berge – sein Berg! Er verschlug Huber den Atem, als er das erstemal vor ihm stand, als sie sich sahen von Angesicht zu Angesicht. Alles andre rundum wurde niedrig und unbedeutend; er sah nicht der ragenden Schneeberge fleckenloses Weiß, sah nicht ihrer Hörner marmorne Schönheit sich zum blauen Himmel heben, sah nicht Ströme kristallenen blaugrünen Eises von jenen Domen zu Tal stürzen, sah nichts, gar nichts andres, nur das eine: den Berg, den Felsen aus riesiger Urweltvorzeit, die Pyramide mit ehernen Wänden, die Sphinx, deren Antlitz lockt, und deren Tatzen zerreißen. Da hinauf, da hinauf wollte, nein, mußte er!

Alois Huber fühlte sich mächtig entbrannt. Lange, lange stand er so, stumm wie gebannt, und starrte den Berg an. Er sah sich schon klimmen; er suchte sich schon mit den Augen den besten Anstieg. Schwer war es freilich, aber wem das gelang, der hatte genossen, was nur wenigen zu genießen vergönnt ist, der war einmal Herr und Herrscher gewesen, war aus aller Kleinheit so hoch erhoben, daß es für ihn keinen Alltag mehr gab. Alois Huber seufzte tief auf: nein, es war kein Größenwahnsinn, wenn er da hinauf wollte – nein, Größenwahnsinn wahrhaftig nicht – es war nur Sehnsucht.

Als gäbe es keinen andern Sport als den, auf die Berge zu klettern, und auch keinen andern Beruf, so war es hier am Ort. Ein Weltplatz, von Bergsteigern aller Nationen besucht. Berge genug, Viertausender rundum, Besteigungen genug, leichtere und schwierigere, aber der Berg war es, der Berg, der den Ehrgeiz stachelte; er beherrschte hier alles.

»Was, der kleine Alte mit den komisch eingeschraubten Beinen, mit dem grauen Stoppelgesicht, der will's auch noch riskieren? Unmöglich!«

»Doch, doch. Er trainiert fleißig.«

»Aber lassen Sie sich doch keinen Bären aufbinden. Ich sage Ihnen: unmöglich. Großtuerei!«

Alois Huber hörte diese Unterhaltung. Die Herren saßen auf einer Bank am Alpweg, er kletterte gerade an einem Felsen über ihnen herum. Hier kletterte er vielfach, zur Übung. Auch an noch schwierigeren Stellen versuchte er sich; manchmal hatte er Zuschauer, aber die gewahrte er erst, wenn eine entsetzte Dame einen schrillen Schrei ausstieß. So eine Zimperliese, das war doch noch gar nichts!

Alois erinnerte sich seiner Knabenstreiche: gut, daß er damals die Ziegen gehütet hatte! Es ging auch jetzt noch gut mit dem Klettern, und Schwindel kam ihm auch hier nicht. Gott sei Dank; er mußte sich sehr dazuhalten, die Tage vergingen so rasch, acht Tage war er schon hier. Er hatte zwar schon zwei der Schneehörner erstiegen, das eine sogar mit Führer, und der hatte ihm kaum einmal die Hand reichen müssen, aber der Berg, der Berg aller Berge war es noch nicht. Wie ein spähender Liebender um die Geliebte, so schlich er um ihn herum. Mit welchen Gefühlen er heute einen Herrn den wohlbekannten Weg zum Aufstieg einschlagen sah! Ein stattlicher jüngerer Mann – zwei Führer hatte der mit? Zwei Führer?! Der konnte sich's leisten. War's Neid, was Alois Huber fühlte? Aber dann kam dasselbe Gefühl wie bei den Touren des Alpenklubs, wenn die Wandergenossen schlapp machten; er warf einen geringschätzigen Seitenblick hinüber und ein leichtes Lächeln verzog seine schmalen Lippen.

Am Platz vor den großen Hotels standen immer die Führer umher, da wurden Partien beredet und Anwerbungen getroffen. Heute trat auch Alois Huber an einen von ihnen heran. Er hatte den ihm schon bekannten Führer zu finden gehofft, aber der war mit Engländern fort, und es hieß, er bliebe auch noch acht Tage. Acht Tage konnte er nicht mehr warten, in acht Tagen sollte er bereits vor seinem Pult auf dem Drehstuhl sitzen.

Wo der Herr denn hin wollte, fragte ein Führer, dem er sich endlich genähert hatte. Er wies mit dem Finger stumm zu dem Berg. Da machte der Mann ein ganz komisches Gesicht, betrachtete ihn von oben bis unten und von unten bis oben, steckte die Hände in die Hosentaschen und schüttelte stumm verneinend den Kopf.

Er trat an einen zweiten heran. Schon engagiert.

Nun an einen dritten; der sagte es ganz ehrlich, daß er sich's mit ihm nicht getraue.

Was, nicht getraue? Warum denn nicht?

Mit einem Herrn in den Jahren nicht, dazu sei der Berg doch allzu schwer – eine Viecherei –, der erfordere eine ganz andre Kraft und Ausdauer, als der Herr sie aufbringen könne. Und die andern, die umherstanden und zuhörten, nickten bekräftigend: »Wohl, wohl!«

Alois Huber stieg das Blut zu Kopf, er glaubte ein Lächeln in den ernsthaften, wetterharten Gesichtern aufdämmern zu sehen. Was, die zweifelten daran, daß er's konnte?! Es war eine Unverschämtheit von den Kerlen oder eine Faulheit, sie wollten lieber hier umherlungern und auf leichtere Anwerbung warten. Oder dachten sie vielleicht, er könne nichts zahlen? Er sah unwillkürlich an sich herunter: freilich, so sportsmäßig elegant wie die reichen Engländer war er nicht angezogen; aber es gab doch noch genug andre, die auch nicht feiner ausgestattet waren. Und zahlen würde er schon, sie wollten ihn wohl nur schrauben? »Was verlangt ihr?« stieß er zornig heraus.

Und wenn der Herr ihnen den doppelten Lohn zahlen würde, sie täten's nicht. Die Blicke von ihm abkehrend, schienen sie jede Unterhandlung abbrechen zu wollen.

Da faßte den Huber heiße Angst: Was, wegen solch dummer Halsstarrigkeit, solch törichter Ungläubigkeit wegen sollte er es aufgeben? Nicht aufgeben, ums Himmels Willen nicht aufgeben!

Er, der sonst so Wortkarge, dem die Rede nur schwer floß, er übersprudelte sich jetzt. Er suchte sie zu drängen, zu überreden; er, der nie aus sich selber etwas gemacht hatte, pries sich jetzt an, blies sich förmlich auf: oh, er war ein erstklassiger Steiger! Schade, daß der Summermatter, mit dem er die letzte Partie gemacht hatte, nicht da war, von dem hätten sie es hören können, was er leistete, nicht einmal die Hand zu reichen brauchte man ihm. Er war ja auch in den Bergen geboren, von Jugend an das Klettern gewöhnt, ihm war der da – er wies nach dem Berg, der Sphinx, die jetzt in spätnachmittäglichem weicheren Licht gemilderter erschien, weniger unnahbar – nichts Unmögliches. Die Angst beflügelte seine Worte, er redete sich heiß, er zitterte innerlich. Noch nie im Leben war ihm soviel an etwas gelegen gewesen und dieses Höchste, was er ersehnte, wofür er gespart hatte, mühsam gespart, wofür er sein Leben gelebt hatte, ja, sein ganzes Leben – er wußte jetzt nicht mehr davon, daß diese Liebe ihn erst kürzlich so heiß überkommen, sie war die einzige, die große, die letzte Liebe – sollte er jetzt aufgeben? Die Tränen stiegen ihm auf, er fühlte es naß in die Augenwinkel sich schleichen und blinzelte traurig die Männer an. Ein rührend-bittendes Lächeln machte sein Gesicht einnehmender und jünger.

Die Männer sahen sich an und zuckten die Achseln: Hm, vielleicht, daß der Mayr-Joseph es tat, der hatte erst kürzlich das Führerdiplom gekriegt, war noch nicht viel engagiert worden, vielleicht, daß der sich verdienen wollte, hatte ja auch noch nicht Frau und nicht Kinder.

Eben kam der dahergeschlendert. Ein starker, hübscher Bursche, dem der harte Beruf noch nicht alle leichtherzige Jugend aus dem Gesicht gewischt hatte. Wohl, wohl, er würde sich's schon zutrauen, das alte Männlein da hinauf zu bringen. Er schob verwegen seinen Hut auf ein Ohr. Aber einen Träger mußte der Herr schon noch mitnehmen. Hundert Franken er, siebzig der Träger. Und das Geld mußte der Herr hier unten hinterlegen – für alle Fälle. Und Proviant für unterwegs, volle Beköstigung für die Tage und ein Liter Wein je Mann und Tag.

»Ja, ja«, sagte Huber hastig. Hundert Franken – siebzig Franken – Unterhalt für drei Personen – was ihm vormals viel gedünkt hätte, allzuviel, seiner Sparsamkeit unmöglich erschienen wäre, darüber nur ein Wort zu verlieren, kam ihm gar nicht in den Sinn. Hinauf, hinauf! Er kam hinauf, alles andre war gleichgültig. Sein Gesicht strahlte, noch nie war seine Miene so erhellt gewesen; er schüttelte dem jungen Führer kräftig die Hand: Abgemacht. Und daß der morgen gleich nach dem Mittag zur Hütte aufsteigen wollte, das war ihm gewiß recht. Im Hochgebirge ändert sich das Wetter schnell, es war schon lange schön gewesen. Wäre es nicht besser, sie gingen gleich morgen in aller Frühe? Aber der Joseph mußte erst den Proviant noch besorgen – mancherlei – die Nacht noch einmal sein Mädchen besuchen.

Es hieß sich gedulden. Aber das Gedulden wurde Alois Huber schwer. Wie sollte er die Stunden herumbringen? Was er sonst nie tat, er bestellte sich heute Abend ein Schöppchen Wein. Vielleicht daß er dadurch die nötige Bettschwere bekam. Aber er bekam sie nicht. Erst war er ein wenig eingeduselt, vom ungewohnten Trank müde gemacht, aber die Turmuhr schlug gerade elf, da war er schon wieder wach. Und nun hörte er Stunde um Stunde. Ihm war so heiß, er konnte es nicht mehr aushalten in seinem Bett. Wie einer, der dringend gerufen wird, so hastig sprang er auf und an's Fenster: »Ich komme!« Da sah ihn der Berg an.

Aufgereckt stand er, sein dunkler Fels seltsam klar umrissen, man sah jede Schrunne[7], jeden Riß, jede Spalte sehr deutlich. Der Mond war fast voll am Himmel und

7 Schrunne = sehr feiner Hautriss.

zeichnete scharf. Kaltes Licht; man fror, wenn man so den Berg sah. Fort das abendlich Dämmernde, das ihn milder gemacht; unnahbar, schier unbarmherzig reckte er sich, kalt, sehr kalt, streng und abweisend.

Es fröstelte Alois Huber. Er stand auf nackten Sohlen am Fenster, ihm war glühend heiß gewesen, nun aber war ihm eisig kalt. Es wäre vernünftiger, er kröche schnell wieder ins Bett, aber dem widersprach etwas: »Bleibe, du mußt mich jetzt ansehen.« Und er sah und starrte, rührte sich nicht vom Fenster weg. Da mußte er nun morgen hinauf – nein, morgen noch nicht, morgen ging es nur bis zur Hütte – aber dann, wenn unten im Tal der erste Hahn kräht!

Man hörte den nicht bis hier herauf, man hört nur den eisigen Wind um die Hütte fegen. Man liegt und fühlt das Herz rastlos gegen die Rippen pochen. Man ist schon lange wach, immer wach gewesen; der Führer brauchte, sein Schnarchen abbrechend, nicht mit harter Faust an die Bretterwand zu klopfen: »Es ist Zeit!« Mit ungeschickten Händen knöpft man sich fester ein – huh, ist das kalt, ist das kalt! Man zittert. Wenig bleiches Licht, draußen um die Hütte ein seltsames Grau. Und ein Grauen. Es webt und wogt da unten, Nebel, lauter Nebel, man hat keine Ahnung, daß da Menschen wohnen, daß es eine bunte Welt gibt; man weiß auch nicht, ob der Tag gut wird, ob man's wagen kann. Aber der Führer weiß es. Er tappt voran, er trägt eine Laterne, und man tappt nach, hält sich dicht hinter ihm. Ein Stern steht plötzlich am Himmel, links von der schwarzen, hoch, hoch ragenden Spitze, ein großer, immer leuchtender und leuchtender werdender Stern: der Morgenstern. Die Laterne wird ausgelöscht.

»Wie fröhlich bin ich aufgewacht – und hab' sanft geschlafen die ganze Nacht!« Hatte er das nicht als kleiner Knabe allmorgendlich beten müssen bei seiner Mutter? Ach, seine Mutter! Die war nun schon lange tot. Und noch länger war's her, daß er nicht mehr gebetet hatte.

Beten tun ja nur Kinder, er war ein Mann, sogar schon ein alter Mann. Alois Huber fühlte sich auf einmal recht alt – war es nicht anmaßend, in seinem Alter eine so große Besteigung zu unternehmen? »Hochmut kommt vor dem Fall!«, das war ein Sprichwort seiner Mutter – sie hatte immer zur Bescheidenheit ermahnt –, aber war er denn nicht immer bescheiden gewesen sein Leben lang? Fast sechzig Jahre bescheiden? Hatte er sich's dadurch nicht verdient, auch einmal anmaßend sein zu dürfen? Was seine Mutter wohl dazu sagen würde, wenn sie ihn da oben auf höchstem Gipfel stehen sehen könnte? Aber vielleicht konnte sie das, es war ja dem Himmel so nahe. Und ohne daß Alois Huber es eigentlich wollte, falteten sich seine Hände. Es war ein Großes, dem er entgegenging, ein so Großes, daß es sich wohl schickte, ein Vaterunser zu sprechen.

Heiterer Morgen. In freundlichem Sonnenlicht zugänglicher blickend der Berg. Alles taubeperlit[8], wie in ein Silbernetz eingesponnen. Huber war schon früh draußen. Er war ein wenig übernächtigt, aber das machte ja nichts, desto besser würde er die nächste Nacht schlafen droben auf der Hütte. Und er konnte ja auch jetzt noch lange ruhen; viel zu lange. Wenn man so etwas vor hat, kommt man doch nicht so recht zur Ruhe, nicht zur äußeren und nicht zur inneren.

Im Ort regte sich noch nichts, so früh brachen selten Partien auf, sie gingen alle meist am Nachmittag bis zu den Hütten. Und wenn man nachts getanzt hat, schläft man gern länger am Morgen. Die Läden vor den Fenstern der großen Hotels waren noch alle geschlossen; die Tennisplätze noch menschenleer. Huber ging an allem vorbei und weiterschlendernd bis hinaus vor die letzten Häuser. Da war die Kirche. Er hatte sie noch nie innen angesehen. Auch jetzt, als er die Hand auf die Klinke ihrer Türe legte,

8 taubeperlit = hier: zart aussehend.

fand er sie verschlossen. Aber die Tür, die in den Kirchhof führte, war nicht verschlossen. Die war immer offen.

Er trat ein und nahm seinen Hut ab. Hinter seiner Stirn klopfte es, seine Brust war seltsam beengt. Ah, das tat gut hier! Welche Stille, welcher Friede! Und Blumen. Keine Rosen, wie daheim auf den Kirchhöfen, Alpenrosen, ihre vielblütigen, zum Teil schon angebräunten roten Büschel aus dem glänzend-harten Grün streckend. Längs der Mauer, durch einen breiten Weg von dem Durcheinander der bescheidenen dörflichen Gräber getrennt, gleichsam abgesondert und die Aufmerksamkeit des Besuchers auf sich ziehend, besser gepflegte, oft mit großen Grabsteinen versehene Ruhestätten. Eine lange Reihe. Und Kränze – Lorbeerkränze, nicht die Perlenkränze der Dorfbewohner –, und Inschriften, in französischer, deutscher und englischer Sprache.

»Two brothers, they were killed in climbing up to the mountain« … »Albin Stegerwald, geb. 1904, gest. 1927.« Dreiundzwanzig Jahre, dreiundzwanzig Jahre – in der Vollkraft, in der Vollkraft – wie kam es, daß der hier lag?

»Er siegte und wurde doch besiegt.« Mit gerunzelter Stirn ging Huber von Stein zu Stein, von Tafel zu Tafel. Das hatte er ja gar nicht gewußt, daß so viele dem Berg zum Opfer gefallen waren.

»Steinschlag« – »Abgestürzt« – »Schneesturm« – »Blitz« und hier schon wieder durch »Steinschlag«. Der schien die Hauptgefahr. Da, ein Ehepaar auf der Hochzeitsreise – beide lagen die jetzt hier. Und hier noch eine Dame, eine berühmte Bergsteigerin; Lorbeerzweige, Widmungsschleifen. Er wandte die schon vom Wind zerknitterten, von Schnee und Sonne verblichenen Bänder hin und her.

Alle noch nicht alt, alle noch junge Leute – zwanzig, dreißig, keiner mehr als vierzig – doch, halt, hier der, der kam ihm schon etwas näher! Fünfzig Jahre. Das beruhigte ihn.

»Er starb in heldenmütiger Ausübung seiner Pflicht« – ein Führer. Einer von hier zu Haus. Also auch der –?!

Alois Huber wischte sich über die Stirn, es schien ihm drückend heute, und doch durchrieselte es ihn, er fühlte ein merkwürdiges Frösteln. Wie schwer mußte der Berg sein! Aber wenn der auch noch so schwer wäre, er ginge ja doch hinauf. Er richtete sich aus der gebückten Haltung, in der er die Grabinschriften entziffert hatte, auf: diese waren ja auch durch Unglücksfälle ums Leben gekommen – ein Unglücksfall kann einem auf ebenster Straße zustoßen. Und wenn ihn, ihn nun auch solch ein Unglücksfall traf? Muttertränen, Elternleid, Freundeskummer, Jammer einer zurückgebliebenen Gattin – von all dem würde ihm nichts, gar nichts nachweinen. Und auf seinem Grab würde auch nichts von »Ruhm« stehen, wie auf dem mit Lorbeer geschmückten der berühmten Bergsteigerin. Er lag eben wie da jener Namenlose, der Wind geht und verweht bald, daß der dagewesen ist.

Und doch war's eine Ehre, hier zu liegen. Huber reckte sich und fühlte, wie er vor sich selber wuchs. Sein blinzelnder Blick wurde sicherer, er wandte den Kopf nach dem Berg hin und sah dem fest ins Angesicht: wenn ich dich bezwungen habe, dann habe ich mein Ziel erreicht, bin glücklich gewesen. Jeder Mensch will doch einmal in seinem Leben glücklich sein. Und dann hatte man doch was, an das man gern denkt, wenn man auf dem knarrenden Drehstuhl vor dem knarrenden Pult sitzt, und ein öder Tag, an dem man genau dasselbe zu tun hat wie gestern, und wie man es morgen wieder zu tun haben wird, sich an den andern reiht. Alois Huber seufzte tief: heute in acht Tagen war er längst wieder daheim. Heute früh hatte er rasch Kasse gemacht, nach dieser Besteigung konnte er keinen Tag länger mehr bleiben, es reichte knapp, daß er heimkam. Ein plötzlicher Widerwille packte ihn, ihn grauste vor seinem Drehstuhl: oh, daß er doch nicht fort müßte! Einen sehnsüchtigen Blick warf er die lange Reihe der toten Bergsteiger hinauf und hinab: hatten die es denn nicht sehr gut hier, so angesichts ihres Berges? Aber ob er denn auch wirklich der »Ihre« geworden war? Es stand bei keinem dabei, ob er auch wirklich den Gipfel erreicht hatte, oder ob der Tod ihn schon erwischte beim Anstieg. Das wäre dann freilich eine Enttäuschung, so bitter und so schmerzlich, daß man sie noch kränkend fühlen müßte bis in die letzte Minute. Aber wozu darüber nachdenken, er kam ja hinauf, kam ganz sicher hinauf.

Alois Huber fühlte das mit Gewißheit. Und eine große Ruhe kam über ihn und ein Frohgefühl. Wie gut, daß er hier eingetreten war. Aus diesen Gräbern, die der harten felsigen Erde mit Mühe entwunden waren, sprach es brüderlich hinauf zu ihm, und er sprach gleich brüderlich zu ihnen hinab. Man war eine große Familie. Wenn er jetzt von hier schied, so nahm er die Wünsche vieler mit: »Bergheil!« Und Grüße würde er ihnen wieder zurückbringen von oben.

Er nahm den Hut, den er wieder aufgesetzt hatte, wegen sehr warmer Sonne abermals ab und schwenkte ihn grüßend zum Abschied: »Bergheil!« Er ging flott wie ein Junger, federnden Schrittes davon, seine sonst trockene, fast brummige Miene war freundlich erhellt, es fehlte nicht viel, und er hätte gepfiffen.

»Gemach, gemach, Herr, Ihr seid nüt mehr jung«, sprach der Führer mehr als einmal zu ihm. Was war es denn nur, was ihn so vorantrieb? Er fühlte sich eben so gut ausgeruht, spürte Riesenkräfte. Wunderbar, er hatte geschlafen in dieser Nacht auf der Hütte, so fest, daß ihn der Joseph nur mit Mühe hatte wachkriegen können. Geschlafen, trotzdem der Wind um die Hütte fauchte, als wolle er sie herunterblasen ins Bodenlose. Es waren aber nur wenige Stunden des Schlafes gewesen. Bis spät hatten drei junge Leute geschwatzt und gelacht. Der Hüttenwart hatte sie mehrmals zur Ruhe verwiesen. Laut sein war hier verboten, aber da niemand anders oben war als der Alte mit Führer und Träger, so hatte ihn selber das Lustigsein angesteckt; sie sangen alle zusammen.

Schon auf dem Weg zur Hütte hatte Huber seinen Ärger über das Frauenzimmer gehabt. Bald lief es voran, bald hörte er das hinter sich, immer im flatternden hellen Kleid und mit zierlichen Schuhen; er konnte es gar nicht begreifen, daß diese windige Person trotzdem so sicher trat in all dem Geröll und zwischen den Blöcken. Flatternd, gleich einem Schmetterling, sumsend wie eine Hummel. Alois Huber war wenig erbaut gewesen, auch droben auf der Hütte mit den dreien zusammenzutreffen. Das Mädchen hatte sich in einen Buben verwandelt, was hier besser am Platz war als ein wehendes Kleid, aber windig war sie genau noch so, sie war wohl die Liebste des einen. Sie lachte und scherzte, küßte und schäkerte, war dreist genug, auch mit ihm ein Gespräch anfangen zu wollen.

»Sie steigen auch auf morgen früh? 's is nit möglich, so ein alter Herr!« Das »alter Herr« und ihr Erstaunen ärgerten ihn. Dachte denn die Jugend allein, sie könne es? Und führerlos gingen die drei. »Mir sei'n aus der Steiermark, mein Bruder und ich gehen sicher wie Führer. Nun, der Herr wird schon sehen.«

Sehen, sehen, von denen hier wollte er gar nichts sehen und auch nichts hören. Alois Huber stützte den Kopf in beide Hände und schwieg. Als ihm's zu lustig wurde, ging er hinaus, setzte sich auf die Steineinfassung der kleinen Plattform und blickte stumm in die Gewaltigkeit der von Sternen bleich erhellten Dunkelheit. Die Gletscher schimmerten gespenstig, tiefschwarz über ihnen der Berg. Es war überwältigend groß, er hätte nicht sprechen können. »Still«, sagte der Berg.

Und »still« sagte der Berg auch am andern Morgen in einem fort. Der Mayr-Josef wunderte sich, daß der Herr kein Wort sprach. Sonst, wenn man einen führt, fragt der doch einmal etwas im Laufe der Stunden: »Wie lang haben wir noch?« »Kommt's noch schlimmer?« »Glauben Sie, daß das Seil auch hält?« Dann antwortet man Beruhigendes, oder man wird auch grob. Aber dem hier brauchte man nicht zu antworten, denn der fragte nichts. Stumm arbeitete er sich weiter. Leicht mußte es ihm auch nicht fallen, der Joseph sah, wenn er einmal den Kopf nach dem ihm keuchend Folgenden zurückwandte, wie dunkelrot das graustopplige, verfurchte Gesicht war, glühend erhitzt von der Anstrengung. So ein Alter schon und mutete sich noch so etwas zu! Aber klettern konnte der, das mußte man sagen. Und in einer wohlwollenden Empfindung und gerechten Anerkennung schrie der Josef nach rückwärts, denn ein plötzlich einsetzender Windstoß, der heulend um die Felsenecke fuhr, machte leiseres Sprechen unhörbar: »Brav, brav. Ihr schafft's schon!«

Alois Huber mußte lächeln, aber die in der Anstrengung krampfhaft zusammengezogenen Muskeln seines Gesichts ließen nur eine Grimasse zu. »Er würde es schon schaffen«, das glaubte der Führer? Ja, er selber glaubte das auch – ja, wenn er den Glauben nicht hätte! Wer würde sonst seinen Fingern die Kraft geben, daß sie am Felsen wie angeklebt hielten und der Körper sich an ihnen nachziehen konnte? Wer würde der Fußspitze, die tastend nach einem Riß in der Wand suchte, die Sicherheit geben? Einzig der Glaube.

»Der dich auf Adelers Fittichen sicher geführet …«. ein altes Kirchenlied, das er in der Dorfschule einst hatte lernen müssen, fiel ihm plötzlich ein. Und als sei diese einzige Zeile nur der Auftakt gewesen, so fiel ihm die ganze Strophe plötzlich ein, und noch manches, noch vieles andre. Er sah den Vater vor der großen Tafel in der Schulstube stehen – wie der arme Schulmeister sich abärgern mußte! Die

Dorfbuben liebten das Stillsitzen nicht, sie hatten zudem harte Köpfe, in die ging schwer was hinein. War er selber denn anders gewesen? Kein bißchen. Der Vater nahm den Stecken und zog ein paar über – noch heute, hier, hier fühlte er die Schwielen – au, überall, überall jetzt – die Schläge fielen hageldicht, sie prasselten schier, er zog den Kopf, sich duckend, zwischen die Schultern – er hörte plötzlich den Führer schreien: »Achtung, Steine!« Sie schmiegten sich dichter an den Felsen an, als seien sie unlöslich mit ihm verwachsen. »Bald hätt's gefehlt«, schrie der Mayr wieder. Es war zum Glück nur kleines Schottergemürmel gewesen, kein richtiger Stein darin.

Der Huber war ganz ruhig geblieben: mir kann nichts geschehen. Über ihn hielt die gute Mutter schirmend die Hand. Und sie strich ihm auch mit kühlen Fingern das erhitzte Gesicht und fuhr ihm sanft über den schmerzenden Rücken: »Bub, so lern' doch, ich bitt' dich, du mußt doch was werden! – um Gotteswillen nur keiner, der auf dem Drehstuhl sitzt vorm Pult im Büro, der tagaus, tagein immer dasselbe tut, immer rechnet und schreibt. Auf den Berg steigen, immer höher, höher hinauf!«

Die Sonne brennt auf die Aufsteigenden jetzt wie Feuer. Es ist längst keine Morgenkühle mehr, die frisch ist wie klares Eis, in die Haut sticht wie mit spitzen Nadeln. Es geht auf den Mittag zu, der brennt auf Kopf und Rükken. So Stunde um Stunde.

Der Führer schwitzte, der Träger schwitzte, ihre Hemden, ihre Joppen waren wie durchtränkt, nur der Huber schwitzte nicht. Er war nicht einmal so rot mehr wie vorhin; nun wurde er jählings sehr bleich. Vor ihm sprühte es aus der glühenden Rippe des Felsens, der flimmerte in lauter Glimmer und Glast. Die Sonne schlug Funken aus dunklem Gestein, man traute sich kaum, das anzufassen. Geblendet tränten die Augen, man trat nicht mehr so sicher – der Führer reichte einen Schluck, so wie bei der Rast, die man vor Stunden gemacht hatte. Aber man ruhte jetzt nicht aus, keine Zeit mehr; weiter, nur weiter. Zurück mußte man heute noch, vor Dunkelheit wieder in der Hütte sein.

Wenn das blendende Licht nur nicht so lästig wäre! Die Brille schützte dagegen längst nicht genug – Sprühen von Funken, Garben von Sonnenfeuer – Alois Huber faßte sich plötzlich nach dem Gesicht: ist er blind, blind geworden?

Über die in ihren Höhlen tief eingesunkenen Augen des Ermattenden hat sich der Schleier der Erschöpfung gelegt. Aber weiter, weiter. Stunde um Stunde. Er will ja hinauf, hinan!

Er beißt die Zähne zusammen, doch er kann es nicht hindern, daß ein ächzendes Stöhnen sich ihm entrinnt. Auf seiner Brust liegt es schwer. Soviel Luft ist rundum, soviel Luft – sie schweben wie Vögel darin, nichts von Welt, nichts von Erde mehr, nur Luft, alles Luft, und doch hat er selber gar keine Luft. Er kann nicht mehr atmen. In ihm hat sich etwas zusammengekrampft, rollt von der linken Seite der Brust zu der rechten und von der rechten zur linken, scheint herabzufallen wie ein Stein, fällt ins Bodenlose, schnellt dann wieder empor in rastloser Unruh', sticht, zuckt, klopft, setzt mit dem Klopfen aus, um desto stärker zu hämmern, wächst bis in die Kehle empor, droht ihn zu ersticken – das Herz.

Alois Huber sperrt den Mund mit den blau gewordenen Lippen auf wie ein schnappender Fisch, er ringt mit der Not des Erstickens. Aber weiter, weiter, immer weiter hinan! »Mein Kind«, spricht da auf einmal die Mutter, »verzage nicht. Ganz sicher, du wirst's erreichen.«

Wie deutlich sie es spricht, und wie ihre Stimme liebevoll klingt – Musik, leise Musik! Und nun hört er – von fern, wie von ganz, ganz fern – plötzlich den Führer rufen: »Gleich oben!«

Herrliche Musik! Sie wird lauter, immer lauter – man kommt ihr näher –, jetzt ganz nah! Nun auf einmal ein

Brausen. Das ist die Orgel, die der Vater daheim in der Dorfkirche spielt – er zieht alle Register – und starker Chorgesang – viele Stimmen, hohe und tiefe – weihevoll feierlich – und Glocken dazu – noch mehr, immer mehr – Glocken – feiertägliches Läuten – hah, oben!

Eine helle Stimme jauchzt: »Oh, wie schön!« Hände strecken sich aus zur frohen Begrüßung: »Bergheil!«

Der Führer murrt: Sind die drei schon oben? Freilich, die Jungen, die schaffen es leichter als so ein Alter! Er wirft dem Herrn eine Decke über – hier oben braust es gewaltig.

Aber der schüttelt die Decke ab, reißt die Joppe auf, reißt auch das Hemd sich vom Hals, alles das hindert ihn, engt ihn nur ein. Er breitet die Arme weit wie ein Adler die Fittiche im Entschweben: Luft, lauter Luft, Sonne, Erhabenheit, sieghaftes Glück!

Noch ein seliger Genuß von dem endlich Erreichten, noch höchste Entzückung in seinen letzten Minuten. Zu den Füßen der Jugend brach Alois Huber zusammen. Es war viel, allzuviel Glück – nur ein zu hohes Glück für ein altes Herz.

Mir war's ein Erlebnis

Menschen haben Träume, Sehnsüchte, die sie bei sich tragen ihr ganzes Leben lang – wohl dem, dessen Träume den beglückenden Schimmer einer wahrscheinlichen Erfüllung haben, sodaß sie sich nicht in ungestillter Sehnsucht verbluten müssen.

Mein Traum, meine Sehnsucht war das Matterhorn. Wenn ich es nur sehn könnte, nur einmal sehn! Ich hatte die Berg- und Gletscherfahrten von Edward Whymper gelesen, das Buch jenes kühnen Engländers, der im Jahr 1865 das als unersteiglich angesehene und schon oft vergeblich angegriffene geheimnisvolle Matterhorn, diesen vom Volk oft als von bösen Geistern gegen jeden Eindringling durch tückische Steinwürfe verteidigten Berg, bezwang. Ich las dieses Buch zu einer Zeit, in der junge Mütter der Geburt des ersten Kindes wahrscheinlich in Begleitung einer ganz andern Lektüre entgegengehen. Ich war bezaubert von meiner Lektüre, ganz hingenommen; nicht allein, daß sie mich spannte, durch die unerhörte Kühnheit der Vorgänge, sie führte mich mit in ihre tiefe Liebe der Natur, in die anbetungswürdige Größe von Erhabenheiten. Ich lebte mit den kühnen Ersteigern, ich atmete mit ihnen die Luft höchster Höhen.

»Du wirst noch ein kleines Matterhorn zur Welt bringen«, scherzte mein Mann. In der Nacht, ehe mein Junge geboren wurde, ging ich aufs Matterhorn. Wunderbar, es war gar nicht schwer zu ersteigen, und ich ging ganz leicht und ohne Begleitung, ohne Ausrüstung, meine einzige war – ein Regenschirm.

Ich bin seitdem nicht mehr aufs Matterhorn gegangen. Aber ich habe es gesehn! Nicht im Traum, nein, wirklich und wahrhaftig. Wir waren in Glion, oberhalb Montreux, unten der Genfer See lichtblau, von Schwärmen möwengleicher Segel belebt. Die Dents du Midi[9] in strahlender Schöne, sonnenwarme goldene Herbsttage, noch Sommer scheinend, wenn auch das Laub schon fiel. Aber aus den Kastanienhainen, aus der Fülle traubenbehangener Reben, lockte mich das Matterhorn. Es verkehrten noch Züge nach Zermatt, aber wie lange noch? Schon in Brieg durchnässender, sinkender Nebel. Huh, kalt! Nur ein paar verrückte Engländer stiegen noch in die kleine Bahn und wir.

Dunkel wars schon, als wir anlangten. Früh sinkt Dämmerung ins Zermatter Tal, himmelhohe Berge verschlucken das Licht. Ich sah ihre Gipfel nicht mehr, nicht mehr ihn, den ich suchte: wo ist das Matterhorn? Mein Herz klopfte wild: wo ist es, wo?! Ein Mann wies uns die Richtung. Am Himmel stand ein großer, seltsam leuchtender Stern – da, da mußte es sein!

Schnee, Schnee, wir tuppten durch tiefes Schweigen. Eingebettet, versunken die Häuser, in den wenigsten flinzelnde Lichtchen. Nur aus dem Kirchlein stärkerer Schein. Da drängten sich Männer, den Hut in der Hand, vor der halbgeöffneten Pforte, da saßen drinnen die Frauen. Halblautes gedämpftes Beten, murmelndes Gedenken an Einen, der abgestürzt ist. Was hat der auch noch im Berg zu suchen gehabt? Hat er letztes Heu von der Alpe herabholen wollen, geschlagenes Holz für den Winter?

»Erlöse, o Herr, seine Seele,
Requiescat in pace
Miserere nobis!«

Miserere nobis, miserere – mich überläufts. Da liegt der Kirchhof gleich neben der Kirche. Ich stoße an einen Grabstein. Hier liegt Michael Croz, der berühmteste Führer des Wallis, er bezwang den Berg mit Edward

9 Bergkette in den Alpen

Whymper, aber die Geister des Matterhorns rächten sich, das Seil riß und er stürzte. –

In dieser Nacht schliefen wir nicht, wir waren zu erregt, wir spähten, wir warteten, würde er sich zeigen, der Berg aller Berge? Das Stübchen war überheizt, ein Ofen darin, groß wie ein Backofen, wir lagen wie Brote, die gebacken werden sollen. Aber alle Hotels schon geschlossen, einzig hier diese kleine Dépendance noch auf. Ich warf mich und stöhnte vor Hitze; plötzlich ein Schrei, mein Mann kniete im niedrigen Fenster, beugte sich weit hinaus, streckte die Arme aus: »Da ist es, da ist es!«

Und da war es. Vom Äther umschwommen, im silbernen Mondlicht, einen Stern auf dem Haupt, ein riesiges Dreieck, eine gewaltige Pyramide, ein steil sich reckender Felskoloß, noch viel ragender, noch viel gewaltiger, als meine Phantasie ihn erträumt – ein vorweltliches Gebilde, ein Gigant aus jenen Urwelttagen, da von Menschen noch keine Spur, da nichts war, als Schweigen und Finsternis, bis der Geist sprach: »Es werde Licht!«

Und es ward Licht. Endlich grauender Morgen. Vor der Tür des Hauses hielt der Führer die Pferde, auf denen wir aufs Gornergrat reiten wollten, die kleine Bahn da hinauf, von wo man die allumfassendste Aussicht auf die Bergwelt hat, ging ja längst nicht mehr. Es war bitterkalt, noch trüb der Frühmorgen. Der Weg ging über Geröll und Steine, ihn, der sonst gut gehalten wurde, wenigstens bis zur Riffelalp, ging jetzt niemand mehr. Überkrustet von gefrorenem Schnee, glatt die Steine, an den Felsen lange Eiszapfen, mich fror bis ins innerste Mark. Kalt, scharf umrissen, wie ausgeschnitten die Mondsichel links vor der glatten Wand der Matterhornpyramide uns gegenüber. Zwischen ihr und uns tief unten das Tal von Zermatt, es versank mehr und mehr. Höher, immer höher hinauf, auf den manches Mal stolpernden und trotz der Kälte schwitzenden Pferden. Mir war beklommen zumut, ich saß unbequem, ein Bein hüben, eins drüben: würden wir noch nicht bald oben sein, waren Stunden vergangen?

»Frau da! Seh sie hin, da!« Der Führer streckte weisend den Finger. Noch stand die Mondsichel silbern, aber schon begann es zu glimmen, hinterm scharfen Grat des Matterhorns fing es an rot zu brennen. Und jetzt flammte es auf, es lohte, andere Bergspitzen nahmen das Fanal der ersteigenden Sonne auf, und sieh, – plötzlich Glanz. Glanz! Alles Grau weg und alles Grauen, wie angesteckt allüberall Gipfel und Wände. Der Zmuttgletscher und andere Gletscher schneeige Ströme von Licht, funkelndes Gold ihrer Wellenkämme, ihre Tiefen kristallenes Blau, Weisshorn, Breithorn, Lsykamm, Monte Rosa und viele andere Viertausender, ein gewaltiges Rund von Bergriesen, ein Panorama ohne Gleichen in der Welt. Wie sie noch alle heißen, ich weiß es nicht, der Führer nennt mir ihre Namen, aber was gehen mich Namen an, ich höre nicht, ich sehe nur, sehe mit trunkenen, vor Entzücken schwimmenden Blicken, was ich nie, niemals so schön, so glücklich, so allem Erdenleid entrückt wiedersehn werde. Ich steige vom Pferde, nein, ich falle zu Boden, meine Beine sind steif gefroren, fühllos wie Eis.

Da liege ich nun auf kurzem Gras, schnelle Sonne hat den Schnee von ihm weggeküßt, es erwärmt sich, es duftet stark. Wohlig und wohliger rinnt es mir durch die Glieder, ich atme tief voller Lust, ich strecke die Arme weit aus, ich grüße beseligt die Welt und den ersehnten, geliebtesten aller Berge – ein entschleiertes Wunder – das vom Scheitel bis zur Sohle in all seiner Kühnheit, in unvergeßlicher Größe sich mir geoffenbart, den Berg aller Berge: das Matterhorn.

Wahrheit und Dichtung

Langsam kroch ein Wägelchen die schöne Eifelstraße hinan, die von der Neumühle im Grund hinauf in den Kunowald führt, der seine Buchen und Eichen, seine Tannen und Kiefern gen Himmel reckt wie strebende Pfeiler, die das blauende Gewölbe des Himmelsdomes tragen.

Dichtes Buschwerk unter den hohen Bäumen, üppiges Gewirr von Farnen und sich schlingendem Dorngezweig; nur am Rande der Straße, wo die Sonne treffen kann, große blaue Glockenblumen und rote Beeren, die würzig duften. Die Rehe gehen auf der Straße spazieren, sie äugen mit glänzenden braunen Lichtern nach Menschen aus, die sie zu stören kommen. Aber es kommen wenige.

Zweimal am Tag rollt zwar die Postkutsche durch den Kunowald, doch der Postillon schläft auf dem Bock, die Pferde machen im Schlaf »trab, trab«. Und innen in der Kutsche der Viehhändler, der auf den Markt nach Wittlich will, schläft auch, und der geistliche Herr, in sein Brevier vertieft, schläft auch; in eine Ecke gedrückt, träumt die rundwangige Eifeltochter vom Schatz, und das müde Bauerweib nickt über dem Korb voll Eier. Die Straße ist still, der Wald sehr einsam.

Im Sommer 1895 war's anders, da schlief kein Mensch, wenn er durch den Kunowald fuhr; dem Händler, der Geld im ledernen Beutel bei sich trug, rieselte es wie eisiges Wasser über den breiten Buckel, wenn die Straße aus dem Wiesental zu steigen anfing und der Wald sein verschlingendes Tor aufmachte. Da gähnte es aus dem Gründunkel wie Abenteuer, Geheimnisse wisperten im dichten Unterholz. Mannshoch standen hier die Wedel der Farne – lag nicht einer verborgen darin?! Spähte nicht ein scharfes Auge aus dem Versteck?! Spannte nicht eine treffsichere Hand die Büchse?! Huh, schon knackte der Hahn!

Es war eine große Furcht um jene Zeit in der Eifelgegend, die, die Geld hatten, machten Nachts ihre Hunde los. Der Müller unten in der Neumühle ließ seine Knechte wachen und ging selber mit dem Revolver zu Bett; und auch die Besitzer, die weiter ab wohnten, paßten gut auf, daß Ställe und Scheunen geschlossen wurden, sowie es dunkelte. Jedermann blieb jetzt bei Weib und Kind daheim, anstatt erst spät in der Nacht aus dem Wirtshaus heimzukommen. Nur die Armen, die Holzfäller, die im Wald schafften, fürchteten sich nicht, und die alten Weiblein, die das dürre Reisig auflasen, fürchteten sich auch nicht; am wenigsten aber die jungen Mädchen. Die träumten alle von dem schönen Försterssohn, von dem Hubert mit dem Lockenkopf. Er hatte einmal mit einer getanzt auf Kirmessonntag, ganz dreist war er dazu aus dem Wald gekommen und ins Dorf gegangen – es hatten ihn viele gesehn, welche sogar mit ihm getrunken – der aber, mit der er getanzt hatte, glühten die Wangen. Sie wurde beneidet.

Ein Gespinnst, durchsichtig und doch unentwirrbar, ohne Anfang und Ende wie ein Spinnennetz, wob sich um den schönen Försterssohn, dessen Vater den Kunowald zum Revier hatte. Der Alte ging jetzt umher mit einer Miene, daß jeder, der ihm im Wald begegnete, sich scheu zur Seite drückte.

Streng war der Förster immer gewesen, er hatte es nie gelitten, daß die Weiber, die das dürre Reis am Boden sammelten, auch nur ein Zweiglein vom Baum knickten, er visitierte den Sammlerinnen die Hotten – wehe, wenn ein Scheit Klafterholz drunter war – aber jetzt dünkte er sie grausam. Seit sein Sohn hatte durchaus Förster werden wollen, und er's ihn nicht werden lassen wollte, weil er dem Hubert den grünen Rock nicht gönnte, weil er allein Herrscher sein wollte im Wald, war er so. O, er war schlimm; seine Augen blickten wie finstre Nacht, in der es gewittern will. Aber man gönnte ihm die verbißne Wut, an der er fast einging – warum war er so hart gewesen gegen den Jungen, der ihn auf den Knien gebeten hatte: laß mich in den Wald, schick mich nicht in die Stadt, ich erstick drin –?! Warum hatte er nicht der Tränen der Mutter geachtet, die unablässig für ihren Hubert bettelte: Mann, laß ihn doch?! Dann hätte der Hubert nicht Reißaus genommen beim Krämer in Wittlich, hätte sich nicht umhergetrieben wie ein Vagabund, hätte nicht zu wildern angefangen und wäre nicht zu guter letzt eingelocht worden wie ein Verbrecher.

Jetzt aber war der Hubert wieder frei, und er hielt sich hier herum verborgen. Wer aber sein Versteck kannte, der verriet es nie und nimmer.

Das alles erzählte mir der Kutscher, als ich an diesem wunderschönen Sommertag mich hinauf fahren ließ in den Kunowald. Der herrlichste Wald weit und breit – warum sollte ich den nicht genießen? Die Sage vom Förster-Hubert, der hier sein Wesen trieb, ängstigte mich nicht; im Gegenteil. Ich war ein junges Mädchen wie andre auch. Und die Erzählungen von dem Sohn, den der Vater so ohne Liebe behandelt hatte, daß er ein verlorener Sohn wurde, besaßen eine Romantik, die, so selten in unsrer nüchternen Zeit, meine Neugier reizte, mein Empfinden von Recht und Unrecht verwirrte.

Der Kutscher hatte sich auf dem Bock nach mir umgedreht, ich hörte ihm zu, stumm, mit weitgeöffneten Augen; langsam trottete das Gäulchen die Waldstraße hinan, plötzlich spitzte es die Ohren. Es stutzte.

Da, mitten in der Einsamkeit – da, auf der Ummauerung der steilen Kehre, saß einer. Ein überhängender Busch umschattete ihn. Auf den Knien lag ihm die Büchse. Sein Gesicht war nicht zu sehen, er hing den Kopf auf die Brust.

Wer war das –?! Wie sein Pferd, so stutzte jetzt plötzlich mein Kutscher. Sein Gesicht wurde auf einmal ganz fahl. Er brachte kein Wort mehr heraus, er hieb dem Gaul nur eins über, daß der davon galoppierte, als wollte er durchgehn.

Der auf dem Mauerrand hob den Kopf. Für einen Moment sah ich in ein von dunklem Bartflaum überwildertes Gesicht, sah unter wirren Haarringeln ein paar schwarze Augen, seltsam scheu und dreist zugleich, auf mich gerichtet; dann schob der Mensch, der eine Joppe trug wie ein Jäger, – aber sie war arg zerrissen – seinen verwetterten Lodenhut wieder tief ins Gesicht, nahm die Büchse in die rechte Hand, schwang sich mit leichtem Schwung über den Rand der Ummauerung und war jenseits verschwunden. Man hörte nur, die steile Böschung hinab, die Zweig noch knicken und ein leises Rinnen von Schotter hinab in den Bach.

Das war Er! Blaß und entsetzt starrte der Kutscher mich an.

»Halten Sie, halten Sie! Ich will ihm was geben!«

Aber der Kutscher hielt nicht an und sein Pferd auch nicht; sie jagten durch den totstillen Wald, als sei der Leibhaftige hinter ihnen.

Der Förster-Hubert! Das war er gewesen. Nun rann auch mir ein Schauer den Rücken hinab. Wie bleich sein Gesicht, wie verwildert seine Miene, wie unstet sein Auge, wie zerfetzt sein Anzug! Er litt gewiß Not. Mitleid quoll mir auf und zugleich Haß – Haß gegen den Vater. Was wurde aus diesem Hubert noch? So hübsch, so jung! Würde er immer tiefer hinein geraten in Schuld und Not?

Oder würde er sich wieder herausarbeiten? Würden die Tränen der Mutter etwas vermögen? Würde der Vater einen Reuigen wieder aufnehmen, tun wie der Vater tat des verlorenen Sohns?

»Sie sagen, er hat eine bei sich im Wald.« flüsterte der Kutscher. »So eine!« und machte dabei eine verächtliche Bewegung und spuckte aus.

»Die schickt er auf Kundschaft. Und die sieht auch, dat se wat mitgehn heißt – wovon sollten se denn satt werden sonst? En ganz liederlich Mensch!«

Und dann flüsterte er noch leiser und sah sich um wie einer, der sich nicht traut: »Da verstecken se sich!« Er hob die Peitsche und zeigte hinab, wo vom Wald dicht umrahmt, ein Wiesengrund sich plötzlich erschloß.

Himmerod! Die Ruinen der alten Abtei stehen versunken im grünen Gras, die Hirsche kommen bis in den Innenhof; wo das Kruzifix gestanden hat auf dem Altar, reckt jetzt eine Birke keck den Schopf, statt Mönchsgebet und Orgelklang stöhnt der Wind durch den Kreuzgang, und Raben und Falken umkrächzen ihre Nester am Steingesims. Kolossal noch ragen die zerstörten Mauern von Kloster Himmerod – aber wo bieten sie Schutz?

»Da unten, da unten, tief hinten im Kreuzgang,« flüsterte der Kutscher, »da is'n Loch in der Mauer. Da rutschen se abwärts, dann sind se im Keller. Wo die heiligen Brüder ihren Wein verwahrten, da wohnt Er mit ihr – Jesus!« Über sich selber erschrocken, legte der Schwatzhafte die schwielige Hand auf seinen Mund. »Aber niemand verrät se. Fräulein, Sie werden et doch auch nit weiter sagen? Fräulein, Sie werden doch ganz still dervon sein?!«

Ich bin nicht still davon gewesen. Aber verraten habe ich den Hubert doch nicht. Ich bin ihm nur nachgegangen auf seinen Wegen – im Geist.

Und was ich in Wirklichkeit erfahren habe, das hat sich mit meiner Phantasie vermischt, und aus dem Förstersohn mit dem Lockenkopf ist ein Simson geworden, und aus der, die er bei sich hatte im Waldversteck, eine Delila.

Die Firma Pathé Frères war zu Beginn des 20. Jahrhunderts das größte kinematographische Industrieunternehmen der Welt.

Die Dreharbeiten zum Film »Delila« fanden im Jahr 1913, im Auftrag von Pathé Frères, durch die Berliner Literaria-Film-Gesellschaft statt. Das Werk kam im darauffolgenden Jahr in die Kinos. Es wurde zum Teil an Originalschauplätzen in der Eifel gedreht. Regie führte Ungar Junö [Eugen] Illés. Die Hauptrolle spielte Leontine Kühnberg. (Der Film ist leider verschollen.)

Eine memorable Episode lesen wir in der Zeitung »Nachrichten für Stadt und Land« vom 23. August 1913:

Ein unangenehmes Abenteuer erlebten, wie das »Berliner Tageblatt« berichtet, dieser Tage einige Künstler und Künstlerinnen einer Berliner Filmgesellschaft. Sie waren unter Leitung des Regisseurs Eugen Illés nach der Eifel gefahren, um Klara Viebigs Novelle »Samson und Delila« an Ort und Stelle zu verfilmen. Die aus zwölf Personen bestehende Gesellschaft kam nach Eisenschmitt, einem kleinen Ort in der Eifel, der durch Klara Viebigs Buch »Das Weiberdorf« eine gewisse Berühmtheit erlangt hat. Durch diese Geschichte, die jeder Unbeteiligte mit Vergnügen las, fühlten sich damals Eisenschmitt und besonders dessen Frauen gekränkt und sind der Verfasserin seit Jahren ernstlich böse. So kam es, daß die Dorfbewohner dem Trupp, der ohne viel Federlesens zu agieren anfing, eine nicht gerade liebevolle Aufnahme bereiteten. Die gekränkten Damen von Eisenschmitt waren der festen Überzeugung, das »Weiberdorf« sollte verfilmt werden, und es bemächtigte sich ihrer eine fanatische Wut, die in einem kleinen Aufruhr zum Ausdruck kam. Besen, Heugabeln, Mistgabeln, Schaufeln, Stöcke wurden aus dem Hausarsenal geholt, und ehe sich's Regisseur und Schauspieler versahen, waren sie von einer kriegsbereiten Amazonenschar umgeben, die unter entsetzlichem Gejohl und Gekreisch Miene machte, ohne Erbarmen loszuschlagen. Vergebens versicherte der verzweifelte Regisseur, daß es sich nicht um einen Film für das »Weiberdorf«, sondern um einen Napoleonfilm mit einem »versöhnlichen Abschluß« handelte. Der düstere Argwohn war einmal erweckt und die wütenden Eisenschmittlerinnen waren nicht mehr zu zähmen. Da der Regisseur einsah, daß der Augenblick kritisch war, zog er es vor, mit Apparat und Schauspielern den ungastlichen Ort zu verlassen. Interessant an der Sache ist, daß sich sogar die »Intellektuellen« an den Verwünschungen und Drohungen beteiligten und das Volk auf die Schauspieler hetzten.

Mai – Eine Plauderei vom Frühling

Hörst du den Vogel singen?
Siehst du den Blütenbaum?
Herz, kann dich das nicht bringen
Aus deinem bangen Traum?

Immer, wenn ich an den Frühling denke, kommt mir die erschütternde Melodie in den Sinn, mit der der unglückliche Robert Schumann diese Verse unsterblich gemacht hat. Wie mag er sich nach dem Frühling, nach einem Mai mit Vogelgesang und Blütenträumen gesehnt haben, als er die Töne fand, die Sehnsucht in jedes fühlende Herz zu zaubern imstande sind! Wie der Dichter es erträumt hat, so steigt die Vision des Frühlings mit ihnen auf, die den Gramgebeugten aufrichten, sein Todesbangen fortscheuchen soll.

Des Frühlings – ach, in unserem Klima ist der Mai ja der einzige wirkliche Frühlingsmonat – nur kurze vier Wochen, und er ist schon vorbei. Denn der März, wenn er uns auch einmal Veilchen erblühen läßt unter geschützten Hecken, so hat er doch noch allzuviel winterliches Getue an sich, als daß man ihn schon Frühling nennen dürfte. Und der April ist zu launenhaft, als daß man sich auf ihn verlassen könnte; nicht einmal die Spargel, die doch sein vornehmstes Produkt sind und um deretwillen ihm von den Gutessern manche Laune nachgesehen wird, läßt er immer rechtzeitig ihre weißen Fingerchen aus erwärmter Erde herausstecken.

So bleibt nur der Mai allein, der, trotz seiner gestrengen Herren, den oft ungemütlichen drei kalten Heiligen, denen die kalte Sophie zum Schlusse noch nachhinkt, den

Frühling wirklich bringt; und den Frühling auch wirklich bedeutet. Seit Jahrhunderten ist er der Lieblingsmonat der Dichter, der Gebärmonat einer riesigen Schar von Musenkindern. Freilich, der Mai hat in der Wertschätzung der Lyriker in unseren unromantischen Zeiten stark gelitten: es gibt heutzutage gewiß keinen Dichter mehr, den der Wonnemond zu einem Zyklus von ein paar Dutzend Liedern begeistern würde. Aber der nüchterne Mensch, der sich meist von kleinen literarischen Rücksichten in der Äußerung seiner Empfindungen hemmen läßt, entzieht sich auch heute noch nicht den Wirkungen, die das Erwachen der Natur auf ihn und alle Kreatur ausübt. Mögen unsere jungen Mädchen auch hochmütig über die Liebesschwärmereien ihrer Mütter und Großmütter spotten und über die sentimentalen Seufzer lachen, mit denen jene den »wunderschönen Monat Mai« begrüßten, ganz können sie sich dem Zauber, den er auch auf ihre Gefühlchen ausübt, nicht entziehen. Rückert hatte auch heute noch dichten können:

Ein Mädchenpaar kam hüpfend,
Durch Blütenbüsche schlüpfend,
Wo ich im Schatten lag;
Sie waren in Bewegung
Voll holder Lusterregung
Am schönen Frühlingstag.

Allerdings hätte er dann fortfahren müssen zu schildern, wie die jungen Damen sehr leicht bekleidet, sich anschikken zum ersten Freilufttraining.

Es ist schon richtig, daß der Mai stets wieder mailich ist, und daß wir uns der Frühlingsgefühle, die Alt und Jung bewegen, beim Anblick der neubegrünten Fluren und Wälder, der schneeigen Blütenbäume, der duftenden Frühlingsblumen, beim süßen Schall der Nachtigall, beim Einatmen der balsamischen milden Luft nicht erwehren können. Wir wollen es auch gar nicht. Unwillkürlich summt es in uns:

Nur einmal im Jahr der Mai,
Nur einmal im Leben die Liebe …

Und trotz aller Vernünftigkeit und Herzenskühle ist dem höhnenden Wort, das uns bei Betrachtung, des sich eng umschließenden und küssenden Liebespaares entfährt: »Süßer Kitsch!« ein Ton beigemischt, der etwas von Sehnsucht mitschwingen läßt. Ja, Sehnsucht nach dem Mai mit seiner Sonne, die sich immer noch auf Wonne reimt, überkommt uns, und Bilder eines seligen Traumes steigen vor manchem Gänseliesel auf, wenn dieser Traum auch nicht gerade so aussieht, wie mancher Maler ihn malt.

Selbst wir, die wir über das Hüpfen unter Blütenbüschen und den süßen Kitsch – ach! – längst hinaus sind, wir hören den Vogel singen, wir sehen den Blütenbaum, wir fühlen jeden Mai dankbar wieder, wie wir es schon so oft gefühlt:

»Natur ließ mich gesunden.«

Im wunderschönen Monat Mai ...

Eifelwinter

Es fallen die Flocken, vom Wind getrieben; aber sie fallen dicht und unablässig und schichten die weiße Last immer höher und höher, die auf der erstarrten Erde liegt. Kein Weg, kein Meilenstein; alles ist verweht. Nur dürftige Ebereschenbäume ragen wie Besen aus der verschneiten Öde und zeichnen mühselig die Linie der Straße.

Ein Kreuz ragt mitten im Schnee, vermorscht, halb umgesunken. Es stand einst eine Inschrift darauf; man kann sie nicht mehr lesen, der Regen hat sie verwaschen. Der Schnee ist angeweht und hat R.I.P. verklebt. Hier starb einer – dies Kreuz zu seinem Gedächtnis.

Es krächzen die Raben; ein ganzer Schwarm der schwarzen Vögel treibt daher. Auf einer einsamen Kiefer fallen sie ein, schlagen mit den Flügeln, reißen die Schnäbel auf, gierig auf Fraß. Das Auge sieht nicht die Ferne mehr – Flockenschleier hüllen sie ein – der Blick verliert sich im weiten Meer endlosen Schnees, im bleichgrauen Dämmer des sinkenden Wintertages.

Danksagung

Ich danke Frau Ina Braun-Yousefi, die mir freundlicherweise die fünf Texte »Vulkanisches Land«, »Die Nachtigall«, »Vier auf der Landstraße«, »Mir war's ein Erlebnis« und »Mai – Ein Plauderei vom Frühling« zur Verfügung gestellt hat.

Textquellen

Eifelstimmungen: Der Türmer. Monatsschrift für Gemüt und Geist. Oktober 1907, S. 72–76.

Die Palme: Honnefer Volkszeitung vom 02. November 1932, S. 2.

Der Preis: Rheinische Heimat. August 1925, S. 35 ff.

Vulkanisches Land: Mutter Erde. Eine Wochenschrift. Heft 2 1899, S. 292.

Auferstanden!: Mährisches Tagblatt vom 13. April 1895, S. 1–2.

Die Nachtigall: Trowitzsch's Volks-Kalender. Berlin 1897, S. 57–74.

Vier auf der Landstraße: Die Gartenlaube. 1932, Nummer 15.

Das Vögelchen: Kölnische Zeitung vom 02. Dezember 1932.

Die Erfüllung: Kölnische Zeitung vom 3., 4. und 5. Dezember 1929.

Mir war's ein Erlebnis: Typoskript. Preußischer Kulturbesitz Berlin, Nachlass 127 Clara Viebig, Kasten 1, Bl. 78–81, ohne Datum (vermutlich 1928).

Wahrheit und Dichtung: Pathé-Woche. Offizielle Wochen-Neuheit der Firma Pathé Frères & Co., Programm Nr. 43, 27. September 1913, S. 2–4.

Mai. Eine Plauderei vom Frühling: Das Magazin, Nr. 57, Mai 1929, S. 3523–3526.

Eifelwinter: Mittelrheinische Landeszeitung, 10. Januar 1941.

Nanny Lambrecht

Die Gespensterbrücke

Wiederentdeckte Texte, Band 1

114 Seiten, 12,00 EUR

ISBN: 978-3-96123-035-8

Nanny Lambrecht war in den ersten drei Jahrzehnten des zwanzigsten Jahrhunderts eine überregional bekannte und erfolgreiche Autorin. Sie veröffentlichte zwanzig Romane und mehrere Bände mit Kurzprosa, in denen sie das harte Leben der Menschen im Venn und im Hunsrück in naturalistischer Art und Weise abbildet.

Neben der titelgebenden Schauergeschichte über die »Gespensterbrücke« hat der Herausgeber Manfred Moßmann unter anderem die Erzählung »Das Lumpenfränz«, in der es um die erdrückende Armut der Protagonistin und ihres Jungen geht, und die Novelle »Der Hirt im Moor« ausgewählt, die durch Wortneuschöpfungen und eine gelungene Literarisierung der Landschaft besticht.

Nanny Lambrecht

Meine Eifel

Wiederentdeckte Texte, Band 2

132 Seiten, 15,00 EUR
ISBN: 978-3-96123-075-4

Nanny Lambrecht war in den ersten drei Jahrzehnten des zwanzigsten Jahrhunderts eine überregional beliebte Autorin. Sie lebte in einer gleichgeschlechtlichen Beziehung und war als kämpferische Frauenrechtlerin bekannt.

In den hier gesammelten Geschichten tritt die Natur der Eifel und des Hohen Venn den Menschen als dämonisch-destruktive Macht, aber auch als versöhnendes und belebendes Element entgegen. Darüber hinaus umfasst dieser Band zwei ihrer Texte über den Ersten Weltkrieg.

Leona Riemann

Hunsrücker Lebensbilder

Band 1

196 Seiten, 15,00 EUR

ISBN: 978-3-96123-076-1

Der Hunsrück blickt auf eine lange und bewegte Geschichte voller kurioser Details, Armut, aber auch ungeahnter Nischen und Möglichkeiten für Außenseiter zurück. Zwischen Edelmann und Bauer, Jagdherr und Hinterwäldler, Mann und Frau, Herr und Magd, Protestant und Katholik, Romantik und Kaminfeger- Realität, Kriegen und Frieden – in der Klein(st)-Staatenregion spielten sich viele Lebensgeschichten ab, oft bis zur Schmerzgrenze.

Seit sieben Jahren stellt die Hunsrücker Autorin Leona Riemann das Leben dieser »Vergessenen« in ihrer Reihe »Hunsrücker« dar, ebenso wie das Leben derjenigen, die hier ihre Zuflucht, ihre Zukunft, ihren Namen gefunden haben, mal spielerisch, mal mit voller Wucht.